JESÚS

Y  EL

REINO

DESBLOQUEANDO EL LLAMADO DE LA
HUMANIDAD Y EL PODER DEL REINO

TOM CORNELL

JESÚS Y EL REINO

DESBLOQUEANDO EL LLAMADO DE LA HUMANIDAD Y EL PODER DEL REINO

TOM CORNELL

SOZO PUBLISHING

Derechos de autor © 2025 por Tom Cornell

Reservados todos los derechos.

Ninguna parte de este libro puede reproducirse en ninguna forma ni por ningún medio sin el permiso escrito del editor o del autor, excepto según lo permita la ley de derechos de autor de los Estados Unidos. Primera edición con actualizaciones.

Libro de bolsillo ISBN: 979-8-9925380-4-5

ALABANZA A JESÚS Y AL REINO

Tom Cornell reveló la comprensión de tu lugar en el Reino de Dios y cuál es el propósito original de tu existencia en la tierra. Creo que todo cristiano debe leer la Biblia desde la perspectiva del Reino, no desde una perspectiva religiosa. «Porque el Señor Altísimo es temible, Rey grande sobre toda la tierra» (Salmo 47:2). Esta comprensión del reino oculto que reside en cada uno de nosotros es la receta perfecta para infundir nueva vida en Cristo Jesús. Al leer sobre Jesús y el Reino, permite que el Espíritu Santo te confiera la autoridad y el poder sobrenaturales del Reino.

— DR. ISRAEL KIM FUNDADOR Y
SUPERVISOR RED DE EMPODERAMIENTO
DEL MINISTERIO DE LOS APÓSTOLES
CENTRO APOSTÓLICO AGUAS VIVAS
FEDERAL WAY, WASHINGTON

CONTENTS

Introducción ix
1. La necesidad del Reino 1
2. La promesa del Reino 8
3. La llegada del rey 24
4. El Camino del Reino 42
5. La ética del Reino 68
6. El Trono del Reino 91
7. La vida del reino 102
8. Él ha resucitado 113

Conclusión 131
Acerca del autor 135

INTRODUCCIÓN
VIENDO LA BIBLIA A TRAVÉS DE LA LENTE DE JESÚS Y SU REINO

Si hay una verdad que transformará tu comprensión de toda la Biblia, es esta: el propósito original de Dios para la humanidad era su Reino, y Jesús vino para restaurarlo. La Biblia no es solo un libro de principios religiosos, historias morales ni un plan de escape al cielo; es la revelación del propósito divino de Dios de establecer su gobierno en la tierra a través de su pueblo.

En el principio, antes de que el pecado entrara en el mundo, el Edén era la imagen del gobierno perfecto de Dios: un lugar donde el cielo y la tierra eran uno, donde el hombre vivía en completa armonía con la voluntad de Dios. Adán fue creado a imagen de Dios, con autoridad para gobernar, multiplicarse y someter la tierra bajo su dominio. Este era el diseño original: Dios y el hombre gobernando juntos en perfecta armonía.

Pero cuando entró el pecado, ese orden divino se alteró. La tierra cayó bajo la corrupción y la humanidad perdió su lugar de gobierno. Sin embargo, desde el Génesis en adelante, el plan de Dios nunca fue abandonar su creación, sino restaurar lo perdido.

Todo el Antiguo Testamento es la historia del compromiso de Dios de traer su Reino de vuelta a la tierra. Los profetas hablaron de una restauración venidera, un tiempo en el que Dios redimiría lo que estaba desolado y restablecería su gobierno entre los hombres (Isaías 61:4).

Entonces vino Jesús, y su primer mensaje fue: «El Reino de Dios se ha acercado» (Marcos 1:15). No solo hablaba de la salvación del pecado, sino que anunciaba la restauración del gobierno de Dios en la tierra. Por eso enseñó a sus discípulos a orar: «Venga tu reino. Hágase tu voluntad, así en la tierra como en el cielo» (Mateo 6:10). Jesús estaba restableciendo lo que Adán había perdido. Su misión era restaurar el reino de los cielos a la tierra, y lo hizo mediante su vida, su muerte y su resurrección.

Muchos cristianos viven pensando solo en llegar al cielo, pero la realidad es que el plan de Dios siempre ha sido traer el cielo a la tierra. En lugar de un plan de escape, Dios tiene un plan de restauración. El llamado de cada creyente no es solo a resistir hasta que nos vayamos, sino a colaborar con Dios para ver su Reino expandirse en cada ámbito de la vida.

De qué trata este libro

Este libro trata sobre Jesús y su Reino. Se trata de redescubrir el Evangelio no solo como un mensaje de salvación personal, sino como el anuncio de la restauración del reino de Dios. Se trata de comprender la Biblia desde la perspectiva del Reino, viendo cómo todo en las Escrituras señala a Jesús como Rey y cómo su misión fue restaurar todas las cosas bajo el designio original de Dios.

Si alguna vez has sentido que tu vida cristiana se reduce a esperar el cielo, este libro te despertará a tu verdadero propósito. Fuiste creado para vivir en el dominio de Dios, para traer su Reino al mundo que te rodea. A medida que leas, tu perspectiva cambiará y comenzarás a ver cómo el Reino de Dios no es solo una realidad futura, sino una invitación presente: una que te llama a vivir plenamente alineado con la voluntad de Dios, trayendo la realidad del cielo a la tierra hoy.

1

LA NECESIDAD DEL REINO

Hubo un momento histórico en que las calles de Jerusalén estallaron con gritos de "¡Hosanna! ¡Sálvanos!". El pueblo tendió sus mantos en el suelo y ondeó ramas de palma mientras un rey entraba en la ciudad, no montado en un caballo de guerra, sino en un burro. La escena era electrizante, llena de expectación. Un Mesías había llegado, pero no de la forma en que nadie lo había anticipado.

Clamaban por salvación porque sabían que algo andaba mal. Vivían oprimidos, no solo por Roma, sino por un enemigo más profundo. El problema era mayor que los gobernantes o reinos terrenales: era espiritual. Había algo en el mundo, algo en sus propios corazones, que estaba roto. Necesitaban más que una revolución política. **Necesitaban un nuevo tipo de reino.**

Para comprender la importancia de este momento —la Entrada Triunfal— debemos remontarnos al principio. Antes del clamor del pueblo, antes de la cruz, incluso antes de que se diera la ley. Debemos remontarnos a cuando la esperanza de la humanidad se susurró por primera vez en el Jardín del Edén.

Génesis, el libro de los orígenes, nos dice que Dios creó un mundo bueno. En medio de ese mundo, plantó un jardín llamado Edén (que significa deleite), un lugar donde el cielo y la tierra se unían, donde Dios caminaba con el hombre. Creó a la humanidad para prosperar en relación consigo mismo, para gobernar la creación y para experimentar la vida sin muerte.

Éste fue el Reino original de Dios en la tierra.

Era un reino fundado en un pacto: una relación de confianza, amor y obediencia entre Dios y la humanidad. Era un reino de paz, donde Adán y Eva vivían en armonía con su Creador. No había sufrimiento, ni opresión, ni injusticia.

Pero algo salió mal.

Dios les había dado a Adán y a Eva la libertad de elegir, pero eligieron mal. Escucharon la voz de la serpiente en lugar de la voz de su Creador. Al hacerlo, se separaron de la fuente misma de la vida.

Proverbios advierte: «*Hay camino que al hombre le parece derecho, pero su fin es camino de muerte*» *(Proverbios 14:12)*. Y ese fue el resultado: la muerte entró en el mundo. Muerte física. Muerte espiritual. El orden creado se fracturó.

La humanidad ahora estaba gobernada por algo distinto a la sabiduría de Dios. En lugar de confiar en Yahvé, confiaron en su propio entendimiento. Y con ello, el pecado y la muerte tomaron el trono.

El Reino de Dios se perdió en la tierra.

Sin embargo, incluso en su fracaso, Dios hizo una promesa. Declaró que de la mujer vendría uno: una descendencia que aplastaría la cabeza de la serpiente. Este venidero revertiría lo que se había hecho. Restauraría lo que se había perdido.

Pero para aplastar a la serpiente, tendría que vencer a la muerte misma.

Desde ese momento, el mundo quedó a la espera del cumplimiento de esta promesa. Con el transcurso de la historia, la necesidad de la humanidad de este Rey venidero se hizo cada vez más evidente.

La violencia, la corrupción y la rebelión se extendieron. Los pueblos de la tierra construyeron ciudades y naciones en busca de poder, pero todo cayó en el desorden. Los reinos más grandes de la humanidad —Egipto, Asiria, Babilonia— no se caracterizaron por la paz, sino por la opresión. Todo gobierno terrenal fue, en última instancia, regido por la misma fuerza: el pecado.

En lugar de gobernar con Dios, la humanidad buscó gobernar sin Él.

Entonces Dios llamó a un hombre: Abraham. Le dijo que, a través de su descendencia, todas las naciones serían bendecidas. La promesa pasó de Abraham a Isaac, luego a Jacob. Y entonces, Jacob profetizó sobre su hijo Judá:

"No será quitado el cetro de Judá... Y a él se dirigirá el pueblo"
(Génesis 49:10).

Viene un rey.

Pero Él no viene de inmediato. El pueblo espera. Las generaciones pasan. Entonces, un joven pastor de Judá es ungido rey: David. ¿Será este el indicado? Mata gigantes, expande las fronteras de Israel y es llamado un hombre conforme al corazón de Dios.

Pero luego se cae.

El pecado de David con Betsabé demuestra que él también está bajo el poder del pecado. No es quien aplasta serpientes. Sin embargo, por humillarse ante Dios, Yahvé le hace una promesa: alguien de su linaje se sentará en el trono para siempre.

¿Cómo es posible? Todo rey muere. Si la muerte se lleva a todos los gobernantes, entonces, para que este Rey reine para siempre, debe vencer a la muerte misma.

Pero después de David, los reyes de Israel se corrompieron aún más. El reino se dividió. El pueblo cayó en la idolatría. Los profetas comenzaron a clamar por algo mayor: un reino no construido por manos humanas, sino uno que no tuviera fin.

La necesidad del Reino de Dios se hace innegable.

El mundo estaba lleno de reyes, pero ninguno pudo arreglar lo que estaba roto. Ninguno pudo eliminar el poder del pecado y la muerte.

Entonces, en un momento en que la esperanza parecía perdida, una estrella aparece en el cielo. Los magos del este —gentiles— siguen su luz hasta un pequeño pueblo de Belén, la ciudad de David. Y allí, en un pesebre, yace el niño prometido.

"Que os ha nacido hoy, en la ciudad de David, un Salvador, que es CRISTO el Señor" (Lucas 2:11).

Ha nacido un rey.

Pero no llega con riqueza ni poder. No nace en un palacio. Es depositado en un pesebre. Su nacimiento no se anuncia a gobernantes, sino a pastores.

Éste no es el reino que la gente esperaba.

Jesús crece, vive una vida sin pecado, resistiendo las mismas tentaciones que habían vencido a Adán y Eva. La serpiente se le acerca en el desierto, tal como se le había acercado a la humanidad en el jardín, y le ofrece un camino más fácil. Pero Jesús se niega. «*Está escrito*», declara, aferrándose a la verdad de su Padre.

Sin embargo, cuando Él viene a su pueblo, no lo reconocen como Rey. Esperaban un Mesías que derrocaría a Roma, no uno que sufriría. Esperaban un león, pero Juan el Bautista señaló y dijo: «*¡He aquí el Cordero de Dios que quita el pecado del mundo!*» *(Juan 1:29)*.

El pueblo de Israel anhelaba la restauración de la gloria del trono de David. Esperaban que su rey entrara en Jerusalén a caballo, reuniera un ejército y expulsara a sus opresores.

Pero en lugar de eso, Jesús entra en un pollino.

¿Por qué? Porque su misión no era guerrear contra Roma, sino vencer a la muerte misma.

Él venía a Jerusalén no para tomar el poder, sino para entregar su vida. Se dirigía al Gólgota, a la cruz. Y la gente, muchos de los cuales acababan de verlo resucitar a Lázaro, sabían que algo era diferente en él.

Lo siguieron gritando: "*¡Hosanna! ¡Sálvanos!*"

Clamaban por salvación, pero aún no entendían lo que realmente significaba.

Por eso es necesario el Reino de Dios. No solo para Israel, sino para el mundo entero. Todos los reinos terrenales habían fracasado. Todos los gobernantes humanos habían fracasado.

El pecado aún reinaba. La muerte aún gobernaba.

Pero el Rey había llegado.

Y esta vez, no fallaría.

Esta es la historia del Rey y su Reino. Este es el Evangelio de Jesucristo. No es un cuento de hadas. No es una historia que empieza con *«Había una vez»*. Tiene sus raíces en la historia. El Evangelio es el cumplimiento de cada profecía, cada susurro, cada anhelo en las Escrituras.

Y ahora, a través de Su muerte y resurrección, Él nos invita a regresar al Edén, al deleite con Dios.

El mismo Jesús que entró en Jerusalén como Cordero regresará como León. El Rey regresa. Esta vez, no en un pollino, sino en un caballo blanco. Esta vez, no para morir, sino para reinar.

La cabeza de la serpiente ha sido aplastada. La muerte ha perdido su aguijón. El Reino de Dios está cerca.

Y esta... esta es la buena noticia que traerá gran alegría a todas las personas.

Preguntas para discusión

1. Los habitantes de Jerusalén esperaban un mesías político que los liberara del dominio romano. ¿Cómo la llegada de Jesús en un pollino, en lugar de un caballo de guerra, desafía estas expectativas? ¿Y qué revela este contraste sobre la naturaleza del Reino de Dios en comparación con los reinos terrenales?

2. Al reflexionar sobre la Entrada Triunfal y los eventos posteriores de la Pasión de Jesús, ¿cómo ilustra la respuesta de la multitud en Jerusalén («¡Hosanna! ¡Sálvanos!») el profundo reconocimiento de la humanidad de su propia fragilidad y su necesidad de salvación? ¿Cómo enriquece esta escena nuestra comprensión de la salvación como algo más que una simple liberación física o política?

3. Analice cómo los fracasos de los reinos y gobernantes terrenales a lo largo de la historia bíblica (desde Egipto hasta Roma) subrayan la necesidad del Reino divino de Dios. ¿De qué maneras el Reino de Dios, ejemplificado por Jesús, ofrece una solución a los problemas del pecado y la muerte que ningún poder terrenal podría resolver?

2

LA PROMESA DEL REINO

Todo lo que Jesús dijo debía seguir a los creyentes, debería seguirlos; todo. Creo que la oración de Jesús: «Venga tu reino. Hágase tu voluntad en la tierra como en el cielo», debe cumplirse y se cumplirá, y lo cumple la iglesia.

Cuando hablo con la gente y les pregunto: "¿Cuál fue el mensaje central de Jesús en los Evangelios?", recibo respuestas como: "Ah, fue el amor. Si quisiera llegar a la esencia de su mensaje, se trata del amor". Pero eso no es cierto. Ese no es el núcleo de su mensaje. De hecho, en los Evangelios sinópticos, es probablemente una de las partes más pequeñas de su mensaje. Juan, quien escribió el último Evangelio, escribe sobre el amor. En la segunda mitad del Evangelio de Juan, habla más sobre el amor que en los otros tres Evangelios juntos, porque no era el mensaje central de Jesús.

Otras personas me responden: "El perdón de los pecados". Dicen: "Si se resume el mensaje de Jesús, es el perdón de los pecados". Este tampoco es el enfoque ni la esencia del ministerio de Jesús. El mensaje y el enfoque del ministerio de Jesucristo es el Reino de Dios. Jesús predicó el Evangelio del Reino de Dios. Ese fue el enfoque de su vida y ministerio. No entenderemos los Evangelios ni toda la Biblia si no entendemos el mensaje de Jesucristo. La esencia de su mensaje es el Reino de Dios.

Desde entonces comenzó Jesús a predicar y a decir: «Arrepentíos, porque el reino de los cielos se ha acercado». Mateo 4:17

Lo primero que se oye proclamar a Jesús en Mateo capítulo 4 es el Reino de Dios. ¿Juan el Bautista? Lo mismo: el Reino de Dios. Jesús empieza a hablar solo medio capítulo después de Juan el Bautista. ¿Qué proclama? El Reino de Dios. Fue y predicó el Evangelio del Reino de Dios. Como veremos, este fue el enfoque de la vida y el ministerio de Jesucristo.

Gran parte de la enseñanza de Jesús en el libro de Mateo se encuentra en los capítulos 5 al 7. Es lo que llamamos el "Sermón del Monte". Esto es lo que llamamos la ética del Reino, o los caminos del Reino. Nos centraremos en esto en un capítulo posterior. Luego, Jesús vuelve a predicar el Evangelio del Reino. Desde el capítulo 8 hasta el final del Evangelio de Mateo, ¿por qué? Porque esa era la suma total de todas sus enseñanzas: el Evangelio del Reino de Dios.

Jesús dijo: «Si expulso demonios por el dedo de Dios, sabéis que el Reino de Dios ha llegado a vosotros». Incluso la razón por la que Jesús expulsó demonios fue por el Reino. Todo lo que Jesús mencionó se centró en el Reino, y sin embargo, es probablemente uno de los temas más incomprendidos hoy en día. Punto. Una de las razones es que, para nosotros en Estados Unidos, somos estadounidenses. Ni siquiera entendemos los reinos. Somos una república democrática, así que pensamos: «¿Reinos? ¿Es como Gran Bretaña?». En nuestro mundo occidental modernizado, realmente no entendemos los reinos, lo que nos pone en desventaja en nuestro enfoque del Evangelio.

Los reinos se relacionan con el gobierno de un rey. Así, cuando Jesús proclama que un Reino está cerca y que viene, se refiere al gobierno de alguien. Para comprender esto más plenamente, debemos remontarnos al Antiguo Testamento porque, como dije antes, si leemos estas Escrituras sin comprender el mensaje del Reino, no veremos lo que Jesús quería que viéramos en nuestras vidas: la manifestación de su Reino y su voluntad, haciéndose en la tierra como en el cielo.

Y estas señales seguirán a los que creen: En mi nombre echarán fuera demonios; hablarán nuevas lenguas; tomarán en las manos serpientes; y si beben algo mortífero, no les hará daño; sobre los enfermos pondrán las manos, y sanarán. Marcos 16:17-18

Probablemente todos hemos sido parte de, o hemos visto, una iglesia que habla mucho de las Escrituras, pero las cosas que Jesús dijo que seguirían a los creyentes no los siguen. Entonces, la gente viene a iglesias donde se expulsan demonios en el vestíbulo, y los líderes no intentan ocultarlo. Los enfermos son sanados, y la gente simplemente los persigue. ¿Cuál es la diferencia? Entender el Reino.

Fui a la escuela bíblica, y ya saben cuánto me enseñaron sobre el Reino. Nada. Nunca hablaron de eso. Siempre bromeo y digo que quiero que me devuelvan mi dinero. La razón es que intenté ministrar durante diez años sin entender el mensaje del Reino, y ¿saben cuántas vidas vi cambiar? ¿Cuánta sanidad y liberación vino después? Muy poco, en el mejor de los casos. Y fue muy duro . Pensé: «Estas personas son pecadoras y no dejan de pecar». Pensé: «Estoy predicando el arrepentimiento. Estoy tratando de que vivan libres, y no está sucediendo. No está funcionando. ¿Por qué?». Porque no entendía el Evangelio del Reino, y la gente tampoco lo entendía. Así que me dije: «No quiero volver a hacer eso nunca más».

Si el único mensaje de Jesús fue sobre el Reino de Dios, ¿adivinen cuál es el único mensaje de la iglesia? El Reino de Dios. Podemos verlo en el libro de los Hechos. En el capítulo 8, leemos sobre Felipe, el evangelista.

Pero cuando creyeron a Felipe, que predicaba el reino de Dios y el nombre de Jesucristo, se bautizaban tanto hombres como mujeres.
Hechos 8:12

Las Escrituras también dicen que hizo milagros, expulsó espíritus inmundos y sanó a muchos cojos y paralíticos. Así que hubo gran gozo en esa ciudad. Luego, los apóstoles descendieron y los creyentes fueron bautizados en el Espíritu Santo más adelante en el capítulo. ¿Adivinen qué? Esto refleja perfectamente lo que Jesús dijo que les seguiría: liberación, sanidad y hablarían en nuevas lenguas. Todo eso ocurre en una pequeña sección de Hechos, y se repite una y otra vez.

Sucedió en la vida de Jesús todos los días, y sucedió en la de los discípulos todos los días. Pero no sucede en la mayoría de nuestras vidas porque no entendemos el Reino. Pero al final de este libro, me aseguraré de que entendamos todo esto por la gracia de Dios, a través de la perspectiva de Jesucristo y el Reino de Dios.

Debido a la entrada del pecado en el mundo, ahora se necesita un Rey. Adán y Eva tuvieron un Rey. Dejaron su gobierno y reinado, y se sometieron a un nuevo rey que gobierna un reino de tinieblas. Todos estos son temas presentes en las Escrituras. La Biblia habla de esta era y de la venidera . Si empiezas a comprender esta era y la venidera, comprenderás el lenguaje del Reino. Jesús habló del gobernante de esta era, y luego del Señor, el nuevo Rey de reyes. Así pues, tenemos al gobernante de este mundo o de esta era, y tenemos al Rey del Reino de Dios, Jesucristo, el Rey del Reino que ha venido y que está por venir.

Todo el Antiguo Testamento apunta a un Rey, un Reino y una nueva era. Vemos esto una y otra vez en las Escrituras. Quiero mostrarles, de la forma más rápida y concisa posible, cómo pueden captar este hilo conductor del Reino de Dios a lo largo del Antiguo Testamento.

Algo sucedió en el Antiguo Testamento. Adán y Eva pecaron, lo que generó la necesidad del Reino de Dios. El pecado entra en el mundo, y al hacerlo, la muerte entra en él. ¿Por qué? Porque la paga del pecado es la muerte. Así, la muerte entra en el mundo, y porque un hombre pecó, todos pecaron. Porque un hombre murió, todos mueren, hasta Jesucristo. Por lo tanto, lo que debemos entender es que lo que atormentaba al hombre al principio de la Biblia, en Génesis capítulo 3, sigue atormentando al hombre hoy. No ha cambiado.

La razón por la que simplemente querer ser buena persona no funciona es porque, en el principio, existía un mundo perfecto donde el espacio de Dios y el nuestro se superponían. Era maravilloso. Adán y Eva estaban desnudos. Si estás casado y aún no tienes hijos, sabes cómo era: era antes de tenerlos, ¿verdad? Andabas por casa con tu traje de cumpleaños. Sin vergüenza. Y es un mundo maravilloso. Dios camina libremente por ese lugar. Es un lugar hermoso. Es un Reino. El gobierno de Dios es perfecto.

Pero había algo en el Reino con lo que no debían meterse. Era el árbol del conocimiento del bien y del mal. Nunca debían comer de él. No llegó a un punto en que se les pidiera: «Bueno, vale, ahora podemos comer de él». Pero Adán y Eva tomaron una decisión que les permitió discernir mejor el bien del mal que Dios. Dios les dijo: «Ese árbol no es para ti. Te llevará a la muerte. No lo comas». Así que Adán y Eva parecieron pensar: «¿En serio? No sé, quizá sepamos distinguir mejor lo bueno de lo malo, lo malo de lo bueno». Así es como el hombre se aparta del gobierno y el reino de Dios.

Ahora bien, esto es lo que debemos entender: ¿en algún momento del Antiguo Testamento vemos a los humanos elegir y determinar adecuadamente qué es bueno y qué es malo para sí mismos? No, no lo vemos. Inmediatamente, Adán y Eva tienen hijos, y uno mata al otro.

De inmediato, piensa que esto es bueno y correcto. ¿Cuántos de ustedes han tenido hijos o han estado con niños en algún momento? ¿Son buenos para discernir el bien del mal? Ninguno. Normalmente, los oímos decir "¡Mío!" y luego golpean a otro niño. ¿Alguien tuvo que enseñarles eso? No. Van a casa de alguien y siguen diciendo "Mío". Hay algo dentro de ellos desde su nacimiento que no es bueno para discernir el bien del mal. Nacieron con una naturaleza corrupta. Por lo tanto, todos debemos aceptar a Jesucristo para tener la naturaleza divina.

Vemos que desde la época de Adán y Eva, existe este patrón continuo de hombres que determinan lo que está bien y lo que está mal, lo que es bueno y lo que es malo, y no son buenos en ello. Vemos el diluvio con Noé debido a esto. Vemos la Torre de Babel debido a esto. Creen que es buena idea construir un trono en los cielos para sí mismos, y Dios dice: "Eso no está bien. Confundamos su idioma para que no puedan seguir comunicándose entre sí y cometan cualquier maldad que tengan en el corazón". Dios dice: "No podemos permitir que eso suceda".

De nuevo, en Génesis capítulo 6, vemos ángeles que pecaron; lo mismo. Decidieron determinar por sí mismos el bien y el mal en lugar de dejar que Dios lo hiciera. Vinieron y tuvieron relaciones con mujeres. Tuvieron hijos con ellas, y esos hijos se convirtieron en los gigantes de la época. Así, vemos gigantes en la Tierra Prometida, y son estas personas corruptas, descendientes de clla. Todo esto está relacionado con la corrupción en los corazones de los hombres, causada por la decisión de Adán y Eva de decidir el bien y el mal sin Dios.

La Torre de Babel se convierte en una imagen de este mismo problema a lo largo del Antiguo Testamento. El problema es que cuando el hombre obtiene poder con un corazón corrompido, comienza a corromper. Y cuando vemos a Egipto, Egipto se convierte en otro ejemplo de esto. El Faraón se convierte en una imagen de Babel. Piensa: "¿Saben qué? Estos esclavos tienen demasiados hijos. Matemos a sus primogénitos. Matemos a sus hijos varones". Esto no es bueno, pero parece creerlo. En la mente del Faraón, era algo bueno. ¿Ven cómo no somos buenos para juzgar?

Y el mismo problema persiste hoy. Babel sigue siendo nuestro problema hoy, y corrompe incluso a la Iglesia. Hoy, la gente dice: "Bueno, no quiero a este bebé, así que me desharé de él". Cuando leemos sobre el Faraón en la Biblia, nadie piensa: "Parece un tipo genial". No, intenta matar bebés y destruir familias. Y, sin embargo, en nuestra sociedad, lo hacemos a diario. Y gran parte de la Iglesia no tiene ningún problema con ello. Decimos: "Es decisión de la mujer", que es lo mismo que decir: "Es decisión del Faraón". No, no es tu decisión. La vida es vida. Pertenece al Señor, y no debes arrebatársela. Es pecado.

El árbol del conocimiento del bien y del mal es lo mismo que corrompe a Babel, corrompe a Egipto y esclaviza al pueblo de Dios: su pueblo elegido, Israel. Así, Israel está ahora esclavizado por este poder corrupto, y Dios se convierte en su libertador. Esta es la primera vez que vemos a Dios como el Dios de la salvación. Libera a su pueblo de las manos del faraón, que es como las manos de Babel, ¿verdad? De corazones corruptos. Entonces, el Señor saca a Israel de las aguas en Éxodo capítulo 15, y cantan un cántico. Dicen estas palabras:

Cantaré al Señor, porque ha triunfado gloriosamente. Ha arrojado al mar al caballo y a su jinete. El Señor es mi fuerza y mi cántico, y ha sido mi salvación. Éxodo 15:1-2

Esta es la primera vez que se menciona a Dios como el Dios de salvación. Es un rescatador, un libertador. La palabra "salvación" significa rescatar y liberar. Israel entonces comienza a llamar a este evento "El Día del Señor". Este lenguaje es fundamental; se encuentra en toda la Biblia, incluso en el libro de Apocalipsis, "El Día del Señor". Esto está directamente relacionado con el mensaje del Reino. Esto hará que muchas cosas en la Biblia dejen de parecer extrañas y comiencen a tener sentido.

Entendamos qué es el "Día del Señor". Es cuando Dios aparece y arregla las cosas. Él juzga a los injustos y libera a los oprimidos. Es el "Día del Señor". Esto es lo que Israel celebraba y llamaba "Pascua". Pero primero lo llamaron "El Día de Yahvé", "El Día del Señor". Este se convierte en un tema central a lo largo de las Escrituras, a lo largo del Antiguo Testamento e incluso en el Nuevo Testamento. El pueblo de Dios espera que el Señor traiga el Día del Señor.

Pero como leemos en la historia, Israel entra en la Tierra Prometida, ¿y adivina qué sucede? También se dejan corromper por Babel. La maldad que dice: «Tú eres mejor para discernir lo que está bien y lo que está mal, así que elige». Así que empiezan a elegir, y lo vemos en las Escrituras, donde los reyes empiezan a arrebatar tierras a la gente solo porque las quieren. La reina Jezabel reconoce el deseo de su esposo por algo que no es suyo, que pertenece a otro, y dice: «Yo te la daré» (ver 1 Reyes 21). Y les arrebatan la tierra a quienes les pertenece (a Nabot y su familia). Israel hizo muchas más cosas como esta, y la respuesta de Dios a través de los profetas es, en esencia, "Bien, otro día se acerca, y cuando llegue, será como si hubiera llegado la audiencia, y el Juez tomará su asiento y emitirá su veredicto. Quienes hayan sido tratados injustamente serán reivindicados, y quienes hayan tratado injustamente a la gente serán recompensados por su injusticia".

El Día del Señor se acerca, y todos los profetas empiezan a hablar de él: un día en que Yahvé hará justicia. Israel piensa que será un buen día. Piensan: «Viene un día, y será un buen día». Entonces los profetas empiezan a decir: «El maravilloso Día del Señor». Y otro profeta dice: «El terrible Día del Señor». Israel piensa: «Bueno, ¿cuál es? ¿Es bueno o terrible?». Debemos entender que nuestras acciones determinan si es un día bueno o terrible. El Señor dice en Miqueas:

«*Oh hombre, él te ha declarado lo que es bueno, y qué exige de ti el Señor: solamente practicar la justicia, amar la misericordia y humillarte ante tu Dios*». *Miqueas 6:8*

Dios dice: «No se preocupen por quienes los tratan injustamente y prosperen. Habrá un día de recompensa y justicia. Arderán como paja. El Día del Señor se acerca. ¿Y saben qué? El Día del Señor sí llega, pero no como esperaban. Porque parte del mensaje de Dios a Israel era que se habían convertido en opresores. Se habían convertido en el mismo enemigo del que Dios una vez los libró.»

Babilonia marcha sobre Jerusalén y la toma. Ahora bien, Jerusalén es la ciudad sobre una colina, el lugar desde donde se supone que debe brillar nuestra luz, una luz como la de una ciudad sobre una colina. Jerusalén es la ciudad de la paz. Es muy difícil tomar una ciudad sobre una colina. Quien marcha hacia ella tiene una desventaja, especialmente si la ciudad está amurallada. Pues bien, ¿adivinen qué? Jerusalén tenía una muralla y estaba en la cima de una colina; muy difícil de tomar. Entonces, Babilonia entra, y los profetas dicen: «Ya vienen». Jeremías dice: «Escuchen, esto no va a ser bueno. El Señor va a hacer esto». E

Israel dice: «No es posible», y en un instante, son llevados al cautiverio, y ese es el Día del Señor. El juicio se cumplió, no sobre los enemigos de Israel, sino sobre Israel, porque eran ellos los que estaban en transgresión. Estaban robando a los pobres.

Así dice el Señor: «Por tres transgresiones de Israel, y por la cuarta, no revocaré su castigo, porque venden a los justos por dinero y a los pobres por un par de sandalias. Suspiran tras el polvo de la tierra que está sobre la cabeza de los pobres, y pervierten el camino de los humildes. Un hombre y su padre se acuestan con la misma joven para profanar mi santo nombre. Se acuestan junto a todo altar sobre ropas empeñadas y beben el vino de los condenados en la casa de su dios». Amós 2:6-8

Así que esto es lo que está sucediendo. Un padre y su hijo se acuestan con la misma mujer; la Biblia dice que no se debe hacer eso. Israel dice: «Pero nosotros queremos». Sus corazones han sido corrompidos por Babel. Se acuestan con prostitutas del templo como un acto de adoración a un dios extranjero. Aunque estén casados, se acuestan con la prostituta del templo como un acto de adoración. Una de las cosas que suceden aquí se encuentra en la declaración «la ropa tomada en prenda». Israel tomaba la ropa de los pobres; era su única prenda, incluso su manta por la noche. Y la Escritura dice:

Si tomas en prenda la ropa de tu prójimo, se la devolverás antes de que se ponga el sol. Porque es su única cubierta; es su manto para cubrir su piel. ¿Con qué dormirá? Y cuando clame a mí, yo lo escucharé, porque soy misericordioso. Éxodo 22:26-27

Así que Israel les quita la ropa a los pobres. No solo no la devuelven, sino que la usan para acostarse con las prostitutas en las gradas del templo. Dios dice que el Día del Señor vendrá, y así sucede: Babilonia llega y se los lleva cautivos.

Israel comprendió que el Día del Señor sería un día de juicio, pero luego habría un día de salvación. Entonces, Israel comenzó a decir: «La salvación tiene que venir porque pagamos por este pecado». Y entonces Israel pudo regresar a casa, y fue entonces cuando Nehemías y Esdras reconstruyeron Jerusalén. Pero durante este período, comenzaron a surgir rumores y murmullos sobre la venida de un Rey, un Rey como David, uno que se sentaría en el trono de David.

¿Por qué David? Porque David vivió y reinó durante la época de mayor éxito de Israel. David era un hombre conforme al corazón de Dios, un hombre virtuoso a pesar de todos sus pecados. Así, David y su trono se convirtieron en la imagen del Rey venidero. Dios incluso le profetizó a David, prometiéndole que alguien de su linaje se sentaría en su trono para siempre. Israel comenzó a proclamar que el Rey venía y que traería el Día del Señor: la salvación que se suponía que recibirían al ser liberados de Babilonia, ya que, a su regreso, Jerusalén aún estaba en ruinas. La promesa en Isaías 52 era que verían a Yahvé regresar a Jerusalén y que Él consolaría a su pueblo. Pero eso no sucedió cuando Israel fue liberado del cautiverio.

Israel susurraba: «El Día del Señor se acerca», e Isaías 40 habla de un hombre indomable que allanaría el camino en el desierto y prepararía el sendero para la venida del Señor. Entonces aparece Juan el Bautista, predicando sobre el Reino de Dios. Así que ahora se produce esta fusión entre el Día del Señor y el mensaje del Reino de Dios, y comienza a surgir un mensaje sobre esta era y la venidera.

Esta era está gobernada por Satanás, el pecado, la muerte y la maldad. Es el problema de Babilonia: el problema del corazón humano. Es esta era la que está gobernada por Satanás, pero alguien vendrá, de la descendencia de David, y Él pondrá fin a esta era. Será el Día del Señor. Juan el Bautista dijo: «El bieldo está en su mano; el Día del Señor viene, el Reino de Dios está cerca». La gente comenzó a preguntarse: «¿Qué debemos hacer?». Juan dice: «Bautízate, lava tus pecados, demuestra que estás aprobado y vive rectamente, porque el Señor Yahvé regresa a Jerusalén, así que prepárate». Esta es la expectativa de Israel: Yahvé está en camino. El Día del Señor vendrá, y será un día de venganza para los malvados. Dividirá el tiempo en dos, y habrá esa era y esta era.

Entonces viene, envuelto en pañales y acostado en un pesebre, algo que no esperaban. En su mente, nació en la ciudad equivocada. Tenían ideas preconcebidas sobre cómo sería el Mesías. La maldad de su época era Roma, así que pensaron que vendría para destruirla, que Israel gobernaría como David y que el Reino se establecería físicamente de nuevo. Así, el Día del Señor llega en la persona de Jesucristo.

En cierto sentido, el Día del Señor es el Calvario, y Jesús mismo se enfrenta al verdadero mal, no a Roma. Deja que el pecado, la muerte y la maldad lo ataquen con todas sus fuerzas. Depositan todo su poder y armas sobre él, y él los lleva a la tumba, y al tercer día, resucita. Este también es el Día del Señor. La cruz fue un día de juicio: tu juicio y mi juicio fueron puestos sobre él. Y la resurrección es un día de salvación. Es un día en el que todos los que creen e invocan el nombre del Señor serán liberados. Es el Día del Señor. El día del juicio llega, y luego llega el día de la salvación. Así, Jesús proclama Isaías 61:1-2:

El Espíritu del Señor Dios está sobre mí, porque me ha ungido para
predicar buenas nuevas a los pobres; me ha enviado a sanar a los
quebrantados de corazón, a proclamar libertad a los cautivos y
apertura de la cárcel a los presos; a proclamar el año agradable del
Señor. Isaías 61:1-2

Proclama el Día del Señor. Es también una imagen del Jubileo: la cancelación de todas las deudas. Israel nunca celebró un

Jubileo, y entonces Jesucristo celebra el primero en el madero del Calvario, haciendo posible que todas las deudas sean canceladas y que todo (en este caso, nosotros) regrese a su legítimo dueño (Dios).

Así que, tú y yo, recordamos el Día del Señor, ¿y adivina qué dice la Escritura? ¡Aún viene otro Día! Y nosotros, como Juan el Bautista, debemos proclamar el Evangelio del Reino, la venida de este Rey, la separación de esta era y la venidera. Ellos ya lo esperaban, pero nuestro Dios es un Dios misericordioso y clemente, un Dios paciente, que no quiere que nadie perezca, sino que todos se salven.

Así que, se acerca un día: el del juicio ante el trono blanco, el Día del Señor. Se están rompiendo sellos, y el Cordero de Dios es digno de traer otro "Día". Apocalipsis 21 habla de entrar en la Nueva Jerusalén. Este es el Día del Señor. El primer día es el día del juicio ante el trono blanco. Luego, el día de la salvación: entrar en la Nueva Jerusalén. Todo gira en torno al Día del Señor. Tu salvación fue posible gracias al Día del Señor. Y llegará un día en el que ya no habrá opción para que tú, yo ni nadie se arrepienta. Ese día vendrá como ladrón en la noche. Y si no están listos, si no se han cambiado de ropa, si no han aceptado el pago por sus pecados, cuando llegue ese día, no habrá más misericordia.

Así pues, la Iglesia es el heraldo de Dios, anunciando que el Día del Señor se acerca. Yahvé viene. Será un buen día para quienes confían en Jesucristo. Él es la única vía de entrada. Su nombre significa literalmente salvación. El único camino a la ciudad de la salvación es a través de la persona de la salvación. Él es la puerta. Debemos entrar por él.

Yeshuah —Yahvé es salvación. Y para quienes dicen: «Todos los caminos conducen a Dios o al Cielo», no, no es así. La Biblia dice que Jesús dijo de sí mismo: «Nadie viene al Padre sino por mí». Él es la puerta para entrar en la eternidad. Así que el Día del Señor, esta era y la era venidera —el Reino de Dios— están todas relacionadas. Ofrecemos a un mundo moribundo, herido y quebrantado la oportunidad de ser salvado de ahogarse en su pecado. Pero debemos invocar el nombre del Señor, y el nadador de rescate —Yahvé— se lanzará a rescatarnos. Pero debes invocar su nombre, y serás liberado. Serás salvo de los poderes de este mundo y te convertirás en una nueva creación en Jesucristo.

El hecho de que se acerque un día nos llena de fervor. Jesús dice que nos sobrevendrá inesperadamente. Así que, si aún vivimos según el espíritu de Babel y Babilonia, será un día serio. Es algo serio que Yahvé venga sobre ti. Es terrible si no estás listo para el Señor.

No se puede jugar con esta vida. Él dice que es vapor: hoy está, mañana desaparece. Tengan mucho cuidado con ella. Tengan mucho cuidado. Pero para quienes buscan la justicia y su Reino, ¿qué les dice?

«Buscad primeramente el reino de Dios y su justicia, y todas estas cosas os serán añadidas.» Mateo 6:33

Busca eso primero. Hay una estaca clavada en el Calvario, y hay otra estaca. Solo el Padre sabe cuándo llegará. Este es un tiempo de gracia y de la misericordia de Dios. Él está sentado como un nadador, esperando tu llamado. Pero si no lo haces, no serás salvo, y no será su culpa. Él estaba allí, listo, esperando tu llamado.

Pablo y Silas estaban en prisión. Para la mayoría de nosotros, eso sería como ahogarnos. Pero ¿qué hicieron? Adoraron al Señor. Dijeron: «Este es el día que el Señor ha hecho. Debemos adorarlo en él». Estaban emocionados. ¿Adivinen qué pasó? El alcaide y su familia comenzaron a ser salvos. Las señales comenzaron a acompañar a estos creyentes.

Ahora bien, puede que estés en una prisión espiritual, y los poderes de la oscuridad y el pecado aún te estén ahogando. Quizás pienses: "Estoy bien. Creo en Jesús". Pero ¿te has arrepentido? ¿Has invocado el nombre del Señor y te has arrepentido sinceramente? ¿Le has permitido sacarte de ese reino? Necesitas deshacerte de esas cosas de Babel y Babilonia, deshacerte de ellas y vivir una vida santa y justa en esta era para que, cuando llegue el Día del Señor, sea un buen día. Un día celebrado para ti. Vive de tal manera que no sea algo temible cuando llegue ese día, sino un día de regocijo. Amén.

Preguntas para discusión

1. ¿Cómo influye en tu comprensión de los Evangelios el reconocer el Reino de Dios como tema central del ministerio de Jesús?

2. ¿De qué maneras prácticas puedes priorizar la búsqueda del Reino de Dios en tu vida diaria?

3. Reflexiona sobre las áreas de tu vida en las que podrías estar confiando en tu propia comprensión del bien y del mal en lugar de en la guía de Dios. ¿Por qué es difícil para las personas someterse a Dios y cómo pueden los creyentes apoyarse mutuamente en este camino?

4. ¿Qué significa el «Día del Señor» para usted personalmente y cómo impacta su perspectiva de la vida?

5. ¿Cómo puedes vivir activamente preparándote para este día y animar a otros a hacer lo mismo?

3
LA LLEGADA DEL REY

Mi deseo es que la Iglesia comprenda la totalidad de las Escrituras, y creo que la mejor manera de comprenderlas como una historia unificada, desde Génesis hasta Apocalipsis, es a través de la perspectiva del Reino de Dios. Veo a muchas personas que asisten a la iglesia, que aman a Jesús y leen la Biblia, pero ninguna de las cosas que Jesús dijo que debían seguir los creyentes las siguen. Culpo a la Iglesia. No culpo a los creyentes, así que no se sientan condenados. Solo quiero ver a la Iglesia ser quien Dios la creó para ser.

Su intención era que las señales y prodigios siguieran al Evangelio del Reino como evidencia de salvación: sanidades, liberaciones y milagros (véase Marcos 16:17-18; Hebreos 2:4). El Reino debe seguir a quienes son ciudadanos del Reino dondequiera que vayan. Siguió a Jesús, y su intención era que también siguiera nuestras vidas. Pero hay algunas cosas que debemos realinear en nuestro corazón y mente para que eso suceda, y una de ellas es comprender el Reino de Dios.

Como se mencionó antes, es la suma total del mensaje de Jesús. Para comprenderlo mejor, primero debemos ver que se prometió un Rey, y ahora debemos comprender su llegada. ¿Por qué creemos que la llegada de Jesús trajo ángeles en el cielo y en la tierra anunciando "buenas nuevas para todos los hombres", anunciando el nacimiento de un Salvador? Lo decimos en Navidad, pero es algo que debemos tener presente en nuestros corazones todo el tiempo porque es lo que el mundo necesita: buenas nuevas para todos los hombres.

Cuando abrimos las Escrituras en Génesis, la palabra "Génesis" significa "principios"; por lo tanto, "en el principio". Vemos que en el principio hay un Dios bueno que crea un mundo bueno, y crea un jardín. Luego, coloca a la única creación que creó a su semejanza en ese jardín para que camine con él y tenga comunión con él. Había otras criaturas allí, pero no fueron hechas a su imagen y semejanza. La imagen de Dios está depositada en estas criaturas que llamamos humanos. Fueron puestas allí para tener comunión con Dios en este lugar donde el cielo y la tierra se superponen.

En nuestra mentalidad occidental, tenemos la tierra y luego el cielo, y en nuestra mente, no hay conexión entre ambos. Pero al principio, existía una conexión completa entre ambos. Había una superposición entre el espacio de Dios y el nuestro. Nosotros caminábamos en el espacio de Dios, y Dios caminaba en el nuestro.

A menudo pensamos que un día moriremos e iremos al cielo si creemos en Jesús. Aunque eso sea cierto, no es el tema central de las Escrituras. El tema de las Escrituras es que Dios está tratando de traer el cielo a la tierra. Está tratando de resolver el problema de la separación entre el "espacio de Dios" y el "nuestro espacio". Para Él, la separación de nuestros espacios es un problema. Él quiere que nuestros espacios sean uno, que seamos uno con Él en nuestro espacio, incluido el suyo y el nuestro. Por eso Jesús oró y nos enseñó a orar: "Venga tu reino. Hágase tu voluntad en la tierra como en el cielo". Esto es lo que Él quiere, y para esto vino.

Si no entendemos la totalidad de las Escrituras con ese propósito en mente, perderemos el punto. El cielo no se trata de descansar en las nubes para siempre con pequeños bebés regordetes tocando arpas. Esa no es la imagen del cielo, ni la imagen de la eternidad. Cuando la gente piensa así, piensa que el cielo parece aburrido porque está viendo una imagen que alguien más pintó, no lo que enseñan las Escrituras.

Algunos creen que el Evangelio es Jesús diciendo: «Si no me amas, te enviaré al infierno». Ese no es el Evangelio, y punto. El pecado lleva a la muerte. Tanto amó Dios al mundo que envió a su Hijo a morir por nosotros para que pudiéramos recibir su recompensa, que es la vida. No se trata de «ámame o te enviaré al infierno». Nuestras malas decisiones nos enviaron al infierno, y Dios vino y fue al infierno por nosotros para que pudiéramos habitar en su espacio y ver el cielo y la tierra reunidos en un solo pueblo.

Este es el Evangelio. Debemos comprender el Evangelio con claridad para que lo que compartimos con otros plasme una imagen clara de lo que Dios ha comunicado. Dios nunca quiso separarse de sus hijos. La separación entre el espacio de Dios y el nuestro se produjo debido a la humanidad. La humanidad eligió sentarse en un trono diferente al que Dios les dio para gobernar con él sobre la creación. Se sentaron en su propio trono, gobernando a su antojo, decidiendo qué era bueno y malo a su juicio. El mal entró en sus corazones y trajo consigo el poder del mal.

Las Escrituras dicen que la serpiente —llamada diablo y Satanás, el dragón antiguo, el que estaba en el jardín— ha llenado sus corazones y ahora los gobierna mientras se sientan en un trono con él, gobernando la tierra según sus caminos. Esto conduce al pecado, la muerte y la maldad. Jesús dice que Satanás vino a robar, matar y destruir. Eso es lo que entró en los corazones de la humanidad. La muerte nunca fue el plan de Dios ni su intención para nosotros. La vida eterna siempre fue el plan que el Padre tuvo para nosotros. Pero cuando elegimos el pecado, nos condujo a la muerte, tal como Él nos advirtió.

Dios incluso le dice a Caín: «El pecado llama a tu puerta. No abras esa puerta. Te quitará la vida». Caín abre la puerta, y esta le quita la vida a su hermano y, finalmente, a él mismo. El pecado conduce a una ciudad llamada Babel, donde la misma corrupción que se apoderó de Caín corrompió todo el lugar. Dios dice que no es bueno y divide las naciones. Pero su plan siempre fue reunirlas algún día en una sola nación.

Entonces, Dios elige a un hombre llamado Abraham. Le dice: «Haré de ti una nación, una nación que bendiga la tierra en lugar de maldecirla». Como ya hemos comentado, surge la esperanza de que alguien venga a redimir a la humanidad. Dios dice que será la descendencia de Abraham. Abraham tiene a Isaac. Isaac tiene a Jacob. Jacob tiene un hijo llamado Judá. Judá sostendrá el cetro, símbolo de un rey. Este será rey. Moisés ve a este mismo rey. Dice: «Un profeta mayor que yo».

"Les suscitaré un profeta como tú de en medio de sus hermanos, y pondré mis palabras en su boca, y él les hablará todo lo que yo le mande." Deuteronomio 18:18

Balaam dice: «Una estrella saldrá de Jacob; un cetro se levantará de Israel». Una estrella será la señal de la llegada del Rey. Luego vemos en las Escrituras la imagen del trono de David. Dios le dice a David:

"Cuando tus días sean cumplidos y duermas con tus padres, yo levantaré después de ti a uno de tu descendencia, el cual procederá de tus entrañas, y afirmaré su reino." 2 Samuel 7:12

Dios dice: «Alguien se sentará en tu trono, David, y tendrá un reino». Entonces, ¿cómo es que, en el Nuevo Testamento, el mensaje de Jesús habla de un reino? Porque se trata de un Rey que ha venido a gobernar y reinar. Dios dijo: «Él edificará una casa para mi nombre, y yo estableceré el trono de su reino para siempre». Pero la historia se pone aún mejor. En el versículo 14, dice: «Yo seré su Padre, y él será mi Hijo». Espera, ¿qué? ¿Yahvé será su Padre? No tú, David. Él será tu hijo, pero al final yo seré su Padre, y él será mi Hijo.

Así que ahora viene alguien de Abraham, de Judá. ¿Qué rey era de la línea de Judá? El rey David. Pensaron que tal vez David era el rey prometido. No era Saúl; él no era de la línea de Judá, sino de Benjamín. ¿Qué estaba pasando? David aparece, y piensan: «Aquí está el rey. Debe ser él». Él es quien sostiene el cetro. Bueno, no era él, aunque era un hombre conforme al corazón de Dios. Él también pecó, cedió a la corrupción de Babel y murió como los demás. Así que, aún debe haber alguien que se siente en ese trono, pero cuando venga, será el Hijo de Dios.

Ahora bien, existe este misterio. No creo que ni siquiera Satanás lo entendiera. Satanás observa, escucha a los profetas y piensa: «Tengo que matar a este salvador». Necesitamos reflexionar sobre esto. Vemos a estas personas a quienes Satanás se introduce, como el faraón, y matan a todos los primogénitos . Es como si Satanás supiera que viene un salvador, un libertador que reinará como rey. Es como si comprendieran el momento y la hora. Satanás comprendió el momento y la hora del nacimiento de Moisés, así que comenzó a matar a todos los bebés. Es como si supieran que Dios estaba levantando un salvador y tuvieran que detenerlo.

¿Qué sucede en los días de Jesús? Jesús tiene que escapar a Egipto. ¿Por qué? Herodes se entera de un rey y comienza a matar a todos los niños menores de dos años en la región donde nació

Jesús. Jesús tiene que huir a Egipto. Es como una repetición de Egipto. La Escritura dice: «De Egipto llamé a mi Hijo». Eso es lo que dice el Antiguo Testamento. En el Antiguo Testamento, se refiere a Israel, pero los escritores del Nuevo Testamento lo usan para referirse a Jesús. Porque, en definitiva, estamos hablando de Jesucristo.

La humanidad había estado esperando a este Rey, esperando a este Rey, esperando a este Rey. Israel creía que al salir de Babilonia, el Rey prometido vendría a liberarlos y restaurar el reino. Cuando llegaron a Babilonia, ese fue el fin de los reyes. Nombraron reyes a lo largo del linaje de Jesús. Nombraron reyes a lo largo del linaje de David, hasta Salomón, y así sucesivamente. Luego, cuando Israel fue exiliado a Babilonia, todos los reyes fueron asesinados. ¡Oh, oh! Israel sale de Babilonia y se pregunta: "¿Quién será el rey?".

Israel regresa a Jerusalén. La ciudad de paz había sido destruida, pero leemos en Isaías 52 que cuando regresaran a Jerusalén, un rey regresaría. Cantarían. ¡Buenas noticias! ¡Buenas noticias! Se oirían esos hermosos pies que venían, anunciando buenas noticias. ¿Cuál es la buena noticia? El Dios de Israel vive. Todavía hay un rey en Israel, y está regresando. ¡Hay un rey, y es Yahvé! Por lo tanto, cuando Israel sale de Babilonia, lo esperan, y no sucede. Ahora, vuelven a esperar. Israel recupera su ciudad, pero se quedan sin rey. Sabían y creían que vendría un Rey, descendiente de Abraham, de Judá, del trono de David. Así que esperaron. Esta era la expectativa y la mentalidad de los judíos del primer siglo y de los creyentes en Jesús.

Cuando abrimos el Nuevo Testamento, vemos estas palabras, y no tienen sentido para los occidentales del siglo XXI, pero necesitan tenerlo. Las primeras palabras de Mateo, el primer libro del Nuevo Testamento, son: «El libro de la genealogía de Jesucristo, hijo de David, hijo de Abraham». Les aseguro que toda la Biblia está ahí, en ese solo versículo. Si fueras hebreo y vivieras en esa época, el Espíritu de Dios te diría que esa afirmación es cierta. Te alegrarías. Pensarías: «¿Es broma?». Lo leemos y decimos: «Genial, tengo que leer la genealogía».

La palabra "genealogía" en griego es "*génesis*" y el nombre "Jesús" significa "Yahvé es salvación". ¿Qué? Este es "Génesis de Yahvé es salvación, hijo de David, hijo de Abraham". Nuestros corazones deberían estar llenos de alegría. ¿Me estás diciendo que el Rey ha llegado? ¿Sabes qué significa la palabra "Cristo"? "Christos", el Mesías. " Hamasíaj " en hebreo significa "Ungido". ¿Qué le hizo Samuel a David? Lo ungió como rey.

Mateo 1:1 dice que este es "Yahvé es salvación, el Ungido, hijo de David, hijo de Abraham". Este es Aquel que sería bendición para todas las naciones, que se sentaría en un trono y cuyo reino no tendría fin. ¿Cómo puede un hombre sentarse en un trono y que su reinado no tenga fin? ¿Cómo puede un hombre tener un reino y que este no tenga fin? Porque en algún momento morirá, a menos que venza a la muerte. A menos que sea el Dios-hombre . Satanás no lo vio venir. Porque si lo hubiera visto, no habría matado a Jesús. Él mismo puso el clavo en el ataúd cuando mató a Jesús.

Quiero que veamos a Jesús porque lo cambiará todo. Cuando entendamos el «Día del Señor» y el «Día de Yahvé», cuando Él venga y se haga justicia a los malvados y se reivindique a los oprimidos, ¿quién lo hará? Yahvé. Es el «Día de Yahvé», y entonces Yahvé se manifiesta como hombre.

¿Sabes qué significa Yahvé? «YO SOY EL QUE SOY». Él es el Elohim de todos los Elohim. «Elohim» significa Dios o ser espiritual. Él es el único ser espiritual no creado, el único ser espiritual que nunca fue creado. Él es como: ¿ Quién soy yo? YO SOY el que SOY. YO SOY lo que necesites. Eso es lo que soy. Soy la Solución a todos tus problemas. Soy tu Libertador. Soy tu Sanador. Soy el Rey de Israel. Soy el Rey de la tierra. Soy Aquel que cabalga sobre las nubes. Soy el Anciano de Días. Soy el Eterno. Esto es lo que soy: Yahvé. Ese es Su nombre, y Él es todo eso y más para ti y para ti.

Quiero que entendamos que buscaban un rey como David, y encontraron a Dios. Dio la casualidad de que era descendiente de Abraham, descendiente de David, y su nombre es Jesús, Yeshúa. Yahvé es salvación, es su nombre. Este es el génesis, el comienzo de Yahvé como Salvador. Él proviene del trono de David. Es descendiente de Abraham. Todo Israel comprendería las implicaciones de estas palabras, y algunos mataron a Jesús por ellas. En Mateo 1:18-21, dice:

> *El nacimiento de Jesucristo fue así: Su madre, María, estaba desposada con José, y antes de que se unieran, se halló que había concebido del Espíritu Santo. José, su esposo, siendo justo y no queriendo exponerla públicamente, decidió despedirla en secreto. Mientras pensaba en esto, un ángel del Señor se le apareció en sueños y le dijo: «José, hijo de David, no temas recibir a María tu mujer, porque lo que en ella es engendrado, del Espíritu Santo es. Y dará a luz un hijo, y le pondrás por nombre Jesús, porque él salvará a su pueblo de sus pecados».* Mateo 1:18-21

La palabra «nacimiento» es « génesis » en griego. «La génesis de Yahvé es salvación, el Ungido». Ahí hay un sermón completo. Lo llamarás «Dios es salvación» porque salvará a su pueblo de sus pecados. La palabra «salvar» es « sozo », que significa salvar, sanar, liberar y sanar. Pausa. No leas eso otra vez. ¿A quién va a salvar? A su pueblo. ¿De qué tiene que salvarlos? No de Roma, sino del pecado. Así que tuvo que encarnarse para rescatar y redimir a su pueblo en cuerpo, alma y espíritu, porque el pecado lleva a la muerte (Romanos 6:23; Santiago 1:13-15). Vino para redimir a su pueblo y ser su Salvador.

Hablamos brevemente de esto en el último capítulo. En Éxodo 15, Yahvé se convierte en su Salvador, y comienzan a decir que habrá otro día en que Yahvé será el Salvador. Entonces, Él se manifiesta en carne desde el trono de David, y ¿para qué está aquí? Salvar a su pueblo de sus pecados. Continúa:

> *Todo esto aconteció para que se cumpliese lo dicho por el Señor por medio del profeta, cuando dijo: He aquí que una virgen concebirá y dará a luz un hijo, y llamarás su nombre Emanuel, que traducido es: Dios con nosotros. Mateo 1:22-23*

No lo vieron venir. No vieron que Dios mismo estaría con nosotros. No lo vieron. Satanás ni siquiera lo vio, ¡pero ahora nosotros podemos verlo! ¡Quiero que tú también lo veas! En Mateo 2:13-17, dice:

> *Cuando partieron, he aquí, un ángel del Señor se le apareció en sueños a José y le dijo: «Levántate, toma al niño y a su madre, huye a Egipto y quédate allí hasta que yo te diga, porque Herodes buscará al niño para matarlo». Él, levantándose, tomó al niño y a su madre de noche y partió hacia Egipto, donde estuvo hasta la muerte de Herodes, para que se cumpliera lo dicho por el Señor por medio del profeta: «De Egipto llamé a mi Hijo». Herodes, al verse engañado por los magos, se enfureció mucho; y mandó matar a todos los niños menores de dos años que había en Belén y en todos sus alrededores, conforme al tiempo que había indagado de los magos. Entonces se cumplió lo dicho por el profeta Jeremías. Mateo 2:13-17*

Este es José llevando a Jesús a Egipto debido a la intención de Herodes de matar al Rey recién nacido, el Salvador y Libertador. En Mateo 3:1-3, dice:

> *En aquellos días, Juan el Bautista vino predicando en el desierto de Judea, y diciendo: "¡Arrepiéntanse, porque el reino de los cielos se ha*

acercado!". Porque este es aquel de quien habló el profeta Isaías, cuando dijo: "Voz del que clama en el desierto: "Preparen el camino del Señor; enderecen sus sendas". Mateo 3:1-3

Esto es poderoso. Dios había estado trazando su plan de salvación, y aquí, con la llegada de este Rey prometido, Juan el Bautista declaró: «Preparad el camino para la venida del Señor», no la venida de un simple hombre. Usó la palabra «Señor». Prepárense para la venida del Señor. Está citando a Isaías, y la palabra original es Yahvé. Prepárense para la venida de Dios. Arrepiéntanse, porque el reino de Dios está cerca, y estoy preparando el camino para la venida de Dios. Dios está en camino. Es el Día del Señor. Entonces Juan ve a un hombre y dice: «He aquí el Cordero de Dios, que quita...». Él ha venido, y ha venido para quitar el pecado del mundo. (Juan 1:29)

Así que, después de todo, parece que Jesús no vino a arrojarnos al infierno. No. La muerte vino para eso. Pero él vino a tomar la muerte y sepultarla para siempre. Esto es lo que vino a hacer: vencer a la muerte y sepultarla. Y Juan el Bautista declara: «Este es el bendito».

Luego, en el versículo 12, Juan dice: «Su bieldo está en su mano». Esta es una imagen de Joel. El bieldo está en su mano. Habrá una cosecha al final de los tiempos, y Juan dice que Dios tiene el bieldo en su mano para la cosecha. La cosecha ha llegado, y Él limpiará completamente su era y recogerá su trigo en su granero. Recogerá su trigo en su granero y quemará la paja, lo que no pertenece al trigo, que nos representa a nosotros. Es el pecado y la maldad. Lo someterá a fuego, causando así esta separación.

En Mateo 3, Jesús se dirige a Juan el Bautista y le dice: «Necesito ser bautizado». Juan responde: «No, no soy digno ni siquiera de atar tus sandalias. No te voy a bautizar. Necesitas bautizarme tú. Sé que tienes un bautismo maravilloso; ¡lo quiero ahora mismo!». Pero Jesús dice: «No, necesitas bautizarme tú para que se cumpla». Así que Juan el Bautista lo bautiza. En los versículos 16-17, dice:

> *Después que fue bautizado, Jesús salió inmediatamente del agua; y he aquí, los cielos le fueron abiertos, y el Espíritu de Dios descendió como paloma y descendió sobre él. Y de repente vino una voz del cielo, que decía: «Este es mi Hijo amado, en quien tengo complacencia». Mateo 3:16-17*

Si captamos esto, veremos que se cumple el llamado de Dios al Hijo de David como su Hijo. Yahvé llama a «Yahvé es Salvación» como su Hijo. David tendría a alguien que estaría en su trono, y él sería un Rey que se sentaría en un trono y su reino no tendría fin, y él sería el Hijo de Dios.

Juan el Bautista dice que este es el que quitará los pecados del mundo. Este es el bendito del que hablan las Escrituras. Entonces el cielo declara con afirmación: «Este es el Único». El Espíritu de Dios da testimonio: «Este es el Único». Los cielos se abren. En el Antiguo Testamento, los cielos se abrirían en Isaías 64:1, donde se dice que Él derramaría su Espíritu. Aquí, en Mateo 3, vemos el cumplimiento, y la unción cae sobre el Hijo de David, el Ungido.

En el siguiente capítulo de Mateo, Jesús va al desierto como lo hizo Israel tras salir de Egipto. Los mares se dividieron para Israel en el Mar Rojo, y entraron al desierto. Jesús entra en las aguas del bautismo, las aguas se dividieron, y luego se adentra en el desierto. Satanás viene a tentarlo, tal como Israel fue probado en el desierto, y le dice: «Si eres el Hijo, convierte esta roca en pan y come». Está aquí para cuestionar si Jesús es el Hijo de Dios.

Tenemos a este hombre —hijo de David, hijo de Abraham—, pero aquí está el giro: es el Hijo de Dios. Pero ¿cómo se llamó Jesús a sí mismo? Jesús sabe que es el Hijo de Dios, pero se llama a sí mismo «Hijo del Hombre». ¿De dónde proviene este término? Del libro de Daniel. Daniel fue uno de los profetas más asombrosos; este hombre vio hasta el final. Dios le permitió a Daniel ver el final. Gran parte de la revelación de Juan consiste en ver lo que Daniel vio antes que él. Daniel llega a ver algo asombroso.

La visión de Daniel comienza en el capítulo 2 de Daniel, donde el rey Nabucodonosor tiene un sueño y pide que alguien lo interprete. Daniel es el único capaz de hacerlo. Daniel le cuenta el sueño: una piedra fue cortada sin intervención humana y golpeó a esta estatua. La estatua representaba diferentes reinos. La piedra golpeó los pies de hierro y barro cocido, desmenuzándolos. El hierro, el barro cocido, el bronce, la plata y el oro quedaron desmenuzados y se convirtieron en paja.

¿Recuerdan lo que dijo Juan el Bautista? "Habrá una cosecha, y el viento se llevará la paja". Daniel vio esto cientos de años antes. Dijo: "El hierro, el barro, el bronce, la plata y el oro fueron triturados y se convirtieron en paja de las eras del verano; el viento se los llevó sin dejar rastro". Esos representan los reinos de la tierra. Los reinos de la tierra se derrumban. Dios los destruye, y nunca más se los ve. Juan el Bautista dice que son arrojados al fuego. Luego Daniel dice que la piedra que golpeó a la imagen se convirtió en un monte, y llenó toda la tierra. Jesús es esa piedra. Estaban esperando que viniera una piedra y golpeara a las naciones, haciéndolas caer, para que su Reino se levantara y llenara la tierra.

Así que, al abrir Mateo, es como si el Rey hubiera llegado. El descendiente de David, quien será Rey y cuyo Reino no tendrá fin, ha llegado. Es descendiente de Abraham y David, pero aún más, es descendiente de Yahvé. Es el Hijo de Dios, y su Reino durará para siempre y llenará la tierra. Lo esperaban. Nosotros lo hemos recibido. La Escritura dice que todos esperaban la promesa, pero nosotros la hemos recibido. Más adelante, en Daniel 7:13, leemos:

"Yo miraba en la visión de la noche, y he aquí, con las nubes del cielo venía uno como un hijo de hombre." Daniel 7:13

¡Qué jefe! Uno como el Hijo del Hombre: es hombre, ¡pero cabalga sobre las nubes! Espero que estemos captando lo que está pasando, Iglesia. Es hombre, pero puede cabalgar sobre las nubes. La Escritura continúa:

"Vino hasta el Anciano de días, y le hicieron acercarse delante de él." Daniel 7:13

El Hijo del Hombre subió a una nube y la montó hasta el Anciano de Días. Jesús les dice a sus discípulos: «Voy a prepararles un lugar», y pasa cuarenta días después de la resurrección hablándoles del Reino de Dios. Luego, sube a una nube y se dirige al Anciano de Días para tomar su trono. Daniel continúa:

"Entonces le fue dado dominio, gloria y reino, para que todos los pueblos, naciones y lenguas le sirvieran. Su dominio es eterno, que nunca pasará, y su reino uno que no será destruido." Daniel 7:14

Estaban esperando a un Rey. ¡Qué Rey hemos recibido!

Yo observaba, y este cuerno hacía guerra contra los santos, y los vencía, hasta que vino el Anciano de Días, y se hizo juicio a favor de los santos del Altísimo, y llegó el tiempo para que los santos poseyeran el reino. Daniel 7:21-22

¿Quiénes son los santos? Los creyentes, aquellos a quienes el Hijo del Hombre santificó con su sangre. ¿El cuerno? Esta es la imagen de una nación que se alza contra los santos. Esperaban un Reino. Esto es la totalidad de las Escrituras. Satanás se había convertido, en cierto sentido, en rey sobre el pueblo de Dios, pero Dios enviaría un nuevo Rey de Abraham que haría posible que sus santos, sus consagrados, entraran en su Reino para siempre. Esta es su esperanza. Entonces Jesús aparece como esa esperanza.

Jesús dice en Marcos 14:61 que, mientras lo interrogaban antes de matarlo, los sacerdotes judíos cuestionaban a Dios, preguntándose quién era porque no lo habían captado. Porque la religión siempre lo ignora. El sumo sacerdote le preguntó: "¿Eres tú el Ungido? ¿Eres tú el Mesías, el Hijo del Bendito?". No pronunciaban el nombre de Yahvé; lo llamaban "el Bendito". Jesús respondió: "YO SOY". Es como cuando Moisés preguntó: "¿Quién debo decir que me envió?", y Dios respondió: "Diles que YO SOY te envió".

El sumo sacerdote preguntó: "¿Eres tú el Hijo del Bendito?". Jesús responde: "YO SOY". Si buscas a alguien que redima a Israel, no busques más. YO SOY ha llegado. Él continúa: "Yo soy. Y verán al Hijo del Hombre sentado a la diestra del Poder, y viniendo con las nubes del cielo" (Marcos 14:62 NVI). "Cuando me vean de nuevo, dirán: 'Bendito', porque estaré cabalgando sobre las nubes. Si no me ven ahora, me encontrarán entonces. No tendrán dudas de que soy yo: cabalgaré sobre las nubes hasta el Anciano de Días, abriendo el camino para que los santos entren en el Reino de Dios para siempre".

Él provocará la ira de las naciones contra los santos. Pero dice que el Anciano de Días vendrá y juzgará a los santos, y ellos entrarán en el Reino. ¡Así que, den gracias! Él nos ha librado del poder del reino de las tinieblas y nos ha traído al Reino de su Hijo amado. Este es Jesús, quien salvará a su pueblo de sus pecados. ¿Quiénes son su pueblo? Los santos: quienes creen en él y reciben la redención por su sangre.

Quiero que veamos a Jesús. Que no lo perdamos de vista. Deja que el Evangelio completo y la verdad de estas palabras penetren en tu corazón. Tu vida será extraordinaria. Las señales, prodigios y milagros serán normales. Siguen a quienes creen. Como dijo Juan el Bautista: «Contemplemos, amemos al Señor y veamos quién es Él en toda su plenitud, según las Escrituras».

Ahora, voy a repasar cincuenta títulos dados al Hijo del Hombre, todo porque Él es todo lo que necesitas.

- Él es el Todopoderoso (Apocalipsis 1:8).
- Él es toda autoridad (Mateo 28:18).
- Él es la imagen del Dios invisible (Colosenses 1:15).
- Él es el Alfa y la Omega (Apocalipsis 1:8).
- Él es el Primero y el Último (Apocalipsis 22:13).
- Él es nuestro abogado ante el Padre (1 Juan 2:1).
- Él es el Pan de Vida (Juan 6:35).
- Él es nuestra fuente de vida (Juan 6:35).
- Él es el Amado (Mateo 3:17).
- Él es el Esposo (Mateo 9:15).
- Él es la piedra angular (Salmo 118:22).
- Él es el Libertador de la ira venidera (1 Tes 1:10).
- Él es Fiel y Verdadero (Apocalipsis 19:11).
- Él es el Buen Pastor (Juan 10:11).
- Él es el Sumo Sacerdote (Hebreos 3:14).
- Él es la Cabeza de la Iglesia (Efesios 1:22).
- Él es el Siervo Santo (Hechos 4:29).
- Él es el YO SOY (Juan 8:58).
- Él es el Don (2 Corintios 9:15).
- Él es el Juez (Hechos 10:41).
- Él es el Rey de reyes (Apocalipsis 17:14).
- Él es el Cordero de Dios (Juan 1:29).
- Él es la luz del mundo (Juan 8:12).
- Él es el León de la tribu de Judá (Apocalipsis 5:5).
- Él es Señor de todo (Filipenses 2:9-11).
- Él es nuestro Mediador (1 Timoteo 2:5).

- Él es el Mesías (Juan 1:41).
- Él es el Poderoso de Jacob (Isaías 60:16).
- Él es quien nos hace libres (Juan 8:36).
- Él es nuestra esperanza (1 Timoteo 1:1).
- Él es nuestra paz (Efesios 2:14).
- Él es nuestro Profeta (Marcos 6:4).
- Él es nuestro Redentor (Job 19:25).
- Él es el Señor Resucitado (1 Corintios 15:3-4).
- Él es nuestra Roca (1 Corintios 10:4).
- Él es el sacrificio expiatorio (1 Juan 4:10).
- Él es nuestro Salvador (Lucas 2:11).
- Él es el Hijo del Hombre (Lucas 19:10).
- Él es el Hijo del Altísimo (Lucas 1:32).
- Él es el Creador Supremo (Colosenses 1:16-17).
- Él es la Resurrección y la Vida (Juan 11:25).
- Él es la Puerta (Juan 10:9).
- Él es el Camino, la Verdad y la Vida (Juan 14:6).
- Él es la Palabra (Juan 1:1).
- Él es la Vid (Juan 15:1).
- Él es la Verdad (Juan 8:32).
- Él es el vencedor (Apocalipsis 3:21).
- Él es el Admirable Consejero (Isaías 9:6).
- Él es el Padre eterno (Isaías 9:6).
- Él es el Príncipe de la paz (Isaías 9:6).

Colosenses 1:12-20 dice: «Dando gracias al Padre que nos hizo aptos para participar de la herencia de los santos en luz, nos libró de la potestad de las tinieblas y nos trasladó al reino de su amado Hijo, en quien tenemos redención por su sangre, el perdón de pecados. Él es la imagen del Dios invisible, el primogénito de toda creación. Porque en él fueron creadas todas las cosas, las que hay en los cielos y las que hay en la tierra, visibles e invisibles; sean tronos, sean dominios, sean principados, sean potestades. Todo fue creado por medio de él y para él. Y él es antes de todas las cosas, y en él todas las cosas subsisten . Y él es la cabeza del cuerpo que es la iglesia, y él es el principio, el primogénito de entre los muertos, para que en todo tenga la preeminencia. Por cuanto agradó al Padre que en él habitase toda plenitud, y por medio de él reconciliar consigo todas las cosas, así las que están en la tierra como las que están en los cielos, haciendo la paz por medio de la...» sangre de su cruz."

Él es el YO SOY. Él es el Hijo del Hombre. Este es Jesucristo, el Hijo de David, el Hijo de Abraham. Hay un Rey en el cielo que ha traído un Reino, y te invita a ser parte del Reino de los Cielos. Este Rey quiere ser todo lo que necesitas.

¿Tienes sed? Él es la fuente. ¿Tienes hambre? Él es el Pan de Vida. ¿Necesitas sanidad? Él es el Sanador. ¿Necesitas redención? Él es el Redentor. Su nombre es Jesús, el Hijo del Hombre, el Hijo de Dios, nuestro Salvador. Recibe a Jesucristo como el YO SOY de tu vida.

Preguntas para discusión

1. ¿Cómo influye en tu comprensión de las Escrituras y en tu vida diaria de fe el ver la Biblia desde la perspectiva del Reino de Dios? ¿De qué maneras prácticas puede la iglesia actual reajustar su enfoque para enfatizar el Reino de Dios y experimentar las señales y prodigios que testifican las Escrituras?

2. ¿Cómo las profecías del Antiguo Testamento sobre la venida de un Rey fortalecen tu comprensión de la misión e identidad de Jesús? ¿Qué impacto tiene en tu camino personal de fe reconocer a Jesús como descendiente de David e Hijo de Dios?

3. ¿Qué significa para ti que el plan de Dios implique traer el cielo a la tierra, en lugar de solo traer personas al cielo? ¿Cómo puede esta comprensión influir en tu manera de vivir tu fe y compartir el Evangelio con los demás?

4

EL CAMINO DEL REINO

Cuando el Rey apareció, tenía una forma de actuar; a esto le llamo la forma del Reino. Entenderemos por qué Jesús hizo lo que hizo, por qué dijo que debíamos hacer lo mismo y cómo podemos hacerlo. Analicemos el comienzo del ministerio de Jesús y las primeras palabras que encontramos en su predicación.

Desde entonces comenzó Jesús a predicar y a decir: «Arrepentíos, porque el reino de los cielos se ha acercado». Mateo 4:17

El mensaje que Él tenía era: hay un Reino. El cielo tiene un Reino, y está llegando a la tierra; está cerca, está aquí. Juan el Bautista dijo las mismas palabras: arrepiéntanse, básicamente apártense del reino de las tinieblas y del gobierno del mal, y prepárense, porque el Reino de la luz está cerca. Entonces Juan ve a Jesús y dice: "El Cordero de Dios que salvará al mundo de sus pecados. ¡El que nos salvará del reino de las tinieblas está aquí! Vi al Espíritu de Dios descender sobre Él como una paloma". Jesús es bautizado, los cielos se abren y es ungido con poder como el Rey para traer el Reino. En cierto sentido, el Reino ya no está simplemente cerca, está aquí en la persona de Jesucristo. El Reino vino en la persona del Rey.

La gente dirá que todo está en el futuro. Bueno, el Rey ya apareció, nombró caballeros a algunas personas y luego dijo: "Vuelvo". Cuando vino, fue como la inauguración del Reino, y ahora se aproxima una consumación. Estoy emocionado por la consumación del Reino. Pero no olvidemos que ya se inauguró, y fue inaugurado por Jesucristo. Estamos entre la inauguración y la consumación; ya es un Reino. Jesús está aquí diciendo: "El Reino ha llegado". El gobierno y el reinado de Dios en la tierra han comenzado en la persona de Jesucristo. Luego les pide a algunos pescadores que lo sigan, que sean sus discípulos, que sean sus estudiantes. Él los equipará y los preparará para la obra del Reino.

"Y recorrió Jesús toda Galilea, enseñando en las sinagogas de ellos, y predicando el evangelio del reino." Mateo 4:23

¿Qué enseñaba Jesús? ¿Qué evangelio tenía Jesús? Un evangelio del Reino, no solo un evangelio de salvación. Eso es parte del evangelio del Reino. No digo que no sea el evangelio; solo es parte de él. Pablo habló del evangelio completo. Me pregunto por qué tuvo que usar, en vida, el término "evangelio completo", porque la gente ya comenzaba a inclinarse por el evangelio parcial. Vean lo que dijo Pablo en Romanos:

Con poderosas señales y prodigios, por el poder del Espíritu de Dios... he predicado en su plenitud el evangelio de Cristo. Romanos 15:19

Esto revela claramente que sin el poder del Espíritu de Dios, solo predicaremos el evangelio parcialmente, lo cual es una injusticia para el Señor Jesucristo. El evangelio se puede dar testimonio con el dedo de Dios, con su poder. Así que declaramos que el Reino ha llegado, y luego podemos demostrarlo mediante una demostración del Espíritu y su poder. Cristo estaba, y nosotros estamos, haciendo de este espacio un lugar como el del Cielo, eliminando lo que no pertenece al espacio de Dios.

Y sanaba toda clase de enfermedades y dolencias entre el pueblo. Su fama se extendió por toda Siria; y le trajeron a todos los enfermos, afligidos por diversas enfermedades y tormentos, y a los endemoniados, epilépticos y paralíticos; y los sanó. Grandes multitudes lo siguieron. Mateo 4:23-25

El testimonio del Reino, testificado con poder, hizo que la fama de Jesús se extendiera por toda la región, de modo que le trajeron a todos los enfermos afligidos por diversas enfermedades y tormentos, y a los endemoniados, epilépticos o paralíticos, y él los sanó. ¿Por qué? Porque nada de eso existe en el Reino de su Padre. Luego, comienza el Sermón del Monte. Ahora tiene discípulos. Sube una montaña o una colina, sus discípulos lo siguen, y también una multitud. Y les imparte lo que yo llamaría la ética del Reino. Así es la cultura del Reino.

El Reino tiene su propio camino: poder y ética. Ambos son parte de él. Necesitamos la ética, el carácter del Reino y también el poder. Nuestro mundo interior debe coincidir con el mundo exterior del Reino. Si no es así, estén atentos a los fracasos: cuando alguien se mueve con mayor unción que carácter, generalmente habrá fracasos.

La ética no es el enfoque de este capítulo; la abordaremos en profundidad en el próximo. Quiero centrarme en el camino del Reino. Los capítulos 5 al 7 de Mateo tratan sobre la ética. En el capítulo 8, Jesús regresa y vuelve a modelar el camino del Reino. Aquí lo vemos caminando, viviendo la vida. Jesús simplemente es un Ungido, va de pueblo en pueblo, es un hijo de Dios, como tú y yo fuimos creados para ser. ¿Cómo se ve cuando Jesús sale a caminar? La gente se salva, se sana y se libera. Así es. Él simplemente sale a caminar a diario, y la gente se salva, se sana y se libera. ¿Adivina cómo debería ser cuando sales a caminar? La gente debería ser salva, sana y se libera. Piénsalo. La Escritura dice:

Cuando descendió del monte, le seguía una gran multitud. Y he aquí, un leproso se acercó y se postró ante él, diciendo: «Señor, si quieres, puedes limpiarme». Entonces Jesús extendió la mano y lo tocó, diciendo: «Quiero; sé limpio». Al instante quedó limpio de su lepra. Mateo 8:1-3

¿Cómo se ve el Reino? La lepra desaparece, así es. Pero espera, hay más:

Cuando Jesús entró en Capernaúm, se le acercó un centurión, suplicándole: «Señor, mi criado está postrado en casa, paralítico, terriblemente atormentado». Jesús le respondió: «Iré a sanarlo». El centurión respondió: «Señor, no soy digno de que entres bajo mi techo. Basta con que digas una palabra, y mi criado sanará. Porque yo también soy hombre bajo autoridad, con soldados a mis órdenes. Y le digo a uno: «Ve», y va; a otro: «Ven», y viene; y a mi criado: «Haz esto», y lo hace». Al oírlo, Jesús se maravilló y dijo a los que lo seguían: «Les aseguro que ni siquiera en Israel he hallado una fe tan grande. Y les digo que muchos vendrán del oriente y del occidente, y se sentarán con Abraham, Isaac y Jacob en el reino de los cielos. Pero los hijos del reino serán arrojados a las tinieblas de afuera. Allí será el llanto y el crujir de dientes». Entonces Jesús le dijo al centurión: «Vete, y como creíste, te sea hecho». Y su criado fue sanado en aquella misma hora. Mateo 8:5-13

Esto se dirige a quienes no entran por fe, sino por las obras de la ley: serán expulsados, y quienes no esperaban entrar, como los gentiles, entrarán directamente por fe. Enseguida, vemos que la lepra desaparece y una persona a gran distancia es sanada: dos curaciones. Luego, en casa de la suegra de Pedro, ella tiene fiebre. Jesús le toca la mano y la fiebre la deja. Ella se levanta y les sirve: ¡zas!, tres curaciones, y ni siquiera hemos llegado a la mitad del capítulo.

Esa misma noche, le trajeron a los endemoniados, y con una

sola palabra expulsó a los espíritus. Sanó a todos los enfermos, para que se cumpliera lo dicho por el profeta Isaías: «Él mismo tomó nuestras enfermedades y cargó con nuestras dolencias». Parece que nunca termina en los evangelios, y así será cada día. Continúa con los creyentes en el libro de los Hechos después de que Jesús ascienda al cielo. El Reino tiene un carácter propio: la forma en que nos tratamos unos a otros y nuestra relación con Dios. Pero también hay una forma de ser en el Reino: cuando llevamos lo que el mundo necesita.

Mi pregunta es: ¿Por qué el ministerio de Jesús se desarrolló de esta manera? Necesitamos entender por qué el ministerio de Jesús se desarrolló de esta manera para aprender de él y ser un ejemplo en nuestras vidas. ¿Por qué sanaba enfermos y expulsaba demonios aparentemente cada vez que salía a caminar o incluso cuando intentaba escapar? Jesús pudo haber necesitado un retiro, pero la gente acudía a él. Y en lugar de satisfacer sus propias necesidades, los alimenta y continúa su ministerio. ¿Por qué sigue haciendo esto? ¿Por qué sigue realizando milagros, señales y prodigios?

¿Cómo es que tanta gente, por un lado, dice: «Oh, solo se trata de la salvación y de esperar para ir al cielo. Luego vendrán las cosas buenas»? Ese lado diría que Jesús hacía milagros únicamente porque era Dios, demostrando que era Dios. Por lo tanto, los creyentes no tienen la responsabilidad de hacerlos porque, bueno, no somos Dios, ¿verdad?

Pero eso no explica por qué Jesús dijo que hiciéramos lo mismo. Dijo: «Todo lo que hice y les enseñé, eso es lo que harán y enseñarán a otros». Entonces, esto se vuelve incómodo: ¿debemos hacer esto o no? Decir que no, porque eso sería actuar como Dios, es ignorar el mandato de Jesús. Y no hacerlo es desobedecer lo que Jesús nos mandó hacer. Así que muchos simplemente nos sentamos y esperamos, sin saber si tenemos razón o no.

Esa es una mentalidad peligrosa, y por eso será un día difícil para muchos creyentes. Eso es lo que me quema por dentro, porque no tiene por qué serlo. Esto es simple. No es complicado. Es muy, muy simple . Pero muchos maestros de confianza han enseñado cosas tan contrarias a las Escrituras, pero eran de confianza. Entonces, la gente dice: "Bueno, mi pastor me dijo...". Y entonces yo pregunto: "¿Pero qué dice la Biblia?". Tu pastor puede ser una buena persona, pero alguien le mintió, a quien alguien más le mintió, y detrás de todo está Satanás: son las doctrinas de los demonios.

Cuando lees sobre las doctrinas demoníacas en 1 y 2 Timoteo, y luego ves a los cristianos que dicen que los milagros no son para hoy, piensas: "¡Dios mío!". Literalmente dice que escudriñan las Escrituras, pero niegan el poder que podría salvarlos; tienen apariencia de piedad, pero niegan su poder. ¿Y qué es lo principal que niegan? El poder. Dicen: "El poder no es necesario hoy porque eso solo era para que los apóstoles demostraran que eran apóstoles y que sus palabras eran las Escrituras".

Ese sistema de creencias no puede comprender verdaderamente ninguna de las Escrituras. Es como un ciego guiando a otro ciego. No hay nada en el Nuevo Testamento que puedas entender con esa mentalidad. No entenderás a Jesús. No entenderás su Reino. No te entenderás a ti mismo ni a la Iglesia. No entenderás lo que se promete. Usan las Escrituras para negar lo que prometen. No tiene sentido.

Quiero que olvides lo que otros dijeron y leas la Biblia por ti mismo, como 30 veces, y al final, dime si puedes creer lo que dicen los cesacionistas . Hay demasiadas Escrituras que tienes que descartar para creer eso. No lo hagas, especialmente los mandamientos de Jesús. Algunos estarán en serios problemas cuando se presenten ante Jesús. Esta es una de las razones por las que quiero vernos realmente arraigados en el Antiguo y el Nuevo Testamento como una sola historia sobre el Reino de Dios. Es la misma historia. Tal vez por eso no entienden el Nuevo Testamento: porque no entienden el Antiguo Testamento, el Día del Señor, el Reino de Dios, al Ungido.

Analicemos el capítulo 60 de Isaías. Este es un pilar fundamental para comprender el Reino de Dios. Podríamos repasar muchas otras Escrituras, pero esta es para recordar:

¡Levántate, resplandece! Porque ha llegado tu luz, y la gloria del Señor ha amanecido sobre ti. Porque he aquí, tinieblas cubrirán la tierra, y densa oscuridad los pueblos; pero sobre ti amanecerá el Señor, y sobre ti será vista su gloria. Andarán las naciones a tu luz, y los reyes al resplandor de tu amanecer. Isaías 60:1-3

Habla de Jesús. Continuemos en el versículo 16. Abran su Biblia y léanlo todo por su cuenta; es maravilloso. Los versículos 11 y 12 son impresionantes. La segunda mitad del capítulo habla del favor, las riquezas y todo lo que vendrá con el Reino:

Sabrás que yo, el Señor, soy tu Salvador y tu Redentor, el Poderoso de Jacob. Isaías 60:16

¿Cuál es el nombre de Jesús? "Salvador". Dice: "Sabréis que el Señor", la palabra allí es Yahvé, "sabréis que Yahvé es vuestro Salvador". Entonces aparece Jesús, y su nombre es Yeshúa, que significa Yahvé es Salvación. Me pregunto de quién se refiere: a vuestro Redentor, el Poderoso de Jacob. ¡Es Jesús! El versículo 18 ofrece una pequeña imagen en la segunda mitad:

Daré paz a tus oficiales, y justicia a tus magistrados. Nunca más se oirá violencia en tu tierra, ni destrucción ni destrucción en tu territorio; sino que llamarás a tus muros Salvación, y a tus puertas Alabanza. Isaías 60:17-18

Esto es muy importante: "Tus muros se llamarán Salvación". Esto nos lleva a otra Escritura relacionada:

El sol ya no será tu luz de día, ni la luna te alumbrará con su resplandor; sino que el Señor será para ti luz eterna, y tu Dios tu gloria. Tu sol no se pondrá más, ni menguará tu luna; porque el Señor será para ti luz eterna, y los días de tu luto llegarán a su fin. Tu pueblo será justo; heredará la tierra para siempre, renuevo de mi plantío, obra de mis manos, para que yo sea glorificado. Isaías 60:19-21

El Señor dice: «Los voy a plantar. Serán obra de mis manos. Darán fruto y me darán gloria».

Luego llegamos a Isaías 61, que es clave para comprender el Nuevo Testamento. Si no estudiamos esto y entendemos el Nuevo Testamento basándonos en esta persona de Isaías 61, no entenderemos a Jesús. Cientos y cientos de años antes de Jesús, las Escrituras hablaban de él una y otra vez. No lo pasen por alto.

Si no vemos lo que las Escrituras, las Escrituras del Antiguo Testamento, dicen sobre Jesús, lo perderemos. Recuerden, los primeros creyentes del siglo I solo tenían el Antiguo Testamento antes de que se escribiera el Nuevo Testamento. Cuando leemos el Nuevo Testamento, la Iglesia primitiva solo tenía el Antiguo Testamento, y comenzaron a recibir cartas de los apóstoles. Pero, en cierto sentido, aún no se consideraba un Nuevo Testamento. Todo el testimonio del Nuevo Testamento sobre Jesús se encuentra en el Antiguo Testamento. Isaías 61 es un excelente ejemplo:

El Espíritu del Señor Dios está sobre mí, porque me ha ungido para predicar buenas nuevas a los pobres; me ha enviado a sanar a los quebrantados de corazón, a proclamar libertad a los cautivos y apertura de la cárcel a los prisioneros; a proclamar el año agradable del Señor y el día de venganza de nuestro Dios; a consolar a todos los que lloran, a consolar a los que lloran en Sion, a darles belleza en lugar de ceniza, aceite de alegría en lugar de luto, manto de alabanza en lugar de espíritu abatido; para que sean llamados árboles de justicia, plantío del Señor, para su gloria. Isaías 61:1-3

Lo ven de nuevo: Él plantará algo, y serán ustedes. Serán robles de justicia y glorificarán al Señor. Veremos eso también en el Nuevo Testamento.

Reconstruirán las ruinas antiguas, levantarán las desolaciones primeras, y restaurarán las ciudades arruinadas, las desolaciones de muchas generaciones. Extranjeros se presentarán y apacentarán sus rebaños, y los hijos del extranjero serán sus labradores y sus viñadores. Pero serán llamados sacerdotes del Señor, y se les llamará siervos de nuestro Dios. Comerán las riquezas de las naciones, y en su gloria se gloriarán. En lugar de su vergüenza tendrán doble honor, y en lugar de confusión se alegrarán en su herencia. Por lo tanto, en su tierra poseerán doble; tendrán gozo eterno. Isaías 61:4-7

Es simplemente asombroso. Es todo hermoso: gozo eterno, el gran gozo del Señor. Leerlo desde la perspectiva de un Rey y un Reino es lo que lo hace tan hermoso. De lo contrario, uno se pregunta: "¿De qué están hablando? ¿Qué está pasando?". Cuando entendemos a Jesús y luego leemos el Antiguo Testamento, nos decimos: "¡Está en todas partes! ¡Todo esto se trata de Jesús!".

Analicemos el capítulo 4 de Lucas. Este relato de Lucas es paralelo al de Mateo sobre cómo Jesús comenzó su ministerio. Nos muestra algo que Mateo omitió, ocurrido entre los capítulos 3 y 4 de Mateo, pero Lucas lo registra. Este es el propósito de Lucas: al leer el comienzo de Lucas, dice: «Oye, Teófilo, mucha gente se ha atrevido a dar testimonio de Jesús. Quiero compartir una recopilación completa de lo que he escuchado de los diferentes apóstoles».

, pues, a Nazaret, donde se había criado. Y, como era su costumbre, entró en la sinagoga el día de reposo y se levantó a leer. Le dieron el libro del profeta Isaías. Y al abrirlo, halló el lugar donde estaba escrito: «El Espíritu del Señor está sobre mí, Por cuanto me ha ungido para dar buenas nuevas a los pobres; Me ha enviado a sanar a los quebrantados de corazón, A proclamar libertad a los cautivos y vista a los ciegos, A poner en libertad a los oprimidos; A proclamar el año agradable del Señor». Después, enrollando el libro, se lo devolvió al ministro y se sentó. Y los ojos de todos en la sinagoga estaban fijos en él. Y comenzó a decirles: «Hoy se ha cumplido esta Escritura delante de vosotros». Así que todos dieron testimonio de él y se maravillaron de las palabras de gracia que salían de su boca.
Lucas 4:16-22

Esta historia termina con ellos queriendo matarlo. ¿Por qué? Porque acaba de decir que es el Ungido. Él es el ' hamashiach ', la palabra para Cristo. Él es el Cristo, el Salvador, el Mesías. Él es el Libertador de Israel. Eso es lo que acaba de afirmar, y ellos dicen: "¡No, no lo eres! Eres de aquí; conocemos a tu madre y a tus hermanos". Así que intentan matarlo. Pero no funciona. Jesús murió cuando quiso morir, no antes.

Jesús creía ser el Ungido, e Isaías 60 dice que cuando el Ungido venga, hará algo. Isaías dice: «El sol ya no existirá, la salvación serán tus muros». Si hemos leído el final del libro, es Apocalipsis 21.

Vi un cielo nuevo y una tierra nueva, porque el primer cielo y la primera tierra habían pasado, y el mar ya no existía. Entonces yo, Juan, vi la santa ciudad, la Nueva Jerusalén, descender del cielo, de Dios, preparada como una novia ataviada para su esposo. Y oí una gran voz del cielo que decía: «He aquí el tabernáculo de Dios con los hombres, y él morará con ellos; y ellos serán su pueblo. Dios mismo estará con ellos como su Dios». Apocalipsis 21:1-3

Bueno, ¿quién es Jesús? «Emanuel, Dios con nosotros». Juan dice: «Vi a Dios con ellos». Dios enjugará toda lágrima de sus ojos; ya no habrá muerte, ni llanto, ni clamor. No habrá más dolor, porque las cosas anteriores han pasado. Luego, en el versículo 22:

Pero no vi en ella templo alguno, porque el Señor Dios Todopoderoso y el Cordero son su templo. La ciudad no necesita que el sol ni la luna brillen en ella, porque la gloria del Señor la ilumina. El Cordero es su lumbrera. Apocalipsis 21:22-23

Juan dice que ve caer muros cuando ve caer la Nueva Jerusalén, e Isaías dijo: «Llamarás a tus muros Salvación, y a tus puertas Alabanza. No necesitas ni el sol ni la luna». Hablaba del Reino de Dios. Hablaba de la plenitud del Reino de Dios: no más dolor, no más sufrimiento. Nada. Todo eso se ha ido para siempre.

Así que Jesús está provocando eso. Esto es lo que debemos entender: la razón por la que Jesús sanaba a los enfermos es porque no hay enfermedades en el Reino. Apocalipsis 21 es la plenitud del Reino, y allí no hay enfermos. Ninguno. Cero enfermos en la plenitud del Reino. ¿Por qué? Porque en Apocalipsis 20, ante el Trono Blanco del Juicio, Satanás fue arrojado con todos sus obreros al lago de fuego para siempre. Entonces, ¿quién está causando enfermedades en la tierra? Satanás.

Cómo Dios ungió con el Espíritu Santo y con poder a Jesús de Nazaret, y cómo este anduvo haciendo el bien y sanando a todos los oprimidos por el diablo, porque Dios estaba con él. Hechos 10:38

Así que cuando entendemos la enfermedad —COVID, sea lo que sea—, es el diablo. Cuando sucumbimos a la enfermedad, estamos bajo el ataque del diablo. Cuando el diablo se va, la enfermedad se va. En todas sus formas. Entonces, ¿cómo puede una iglesia no liberar? ¿Por qué la Iglesia está tan enferma como el mundo? Simplemente omitimos uno de los ministerios más importantes de Jesús: sanaba enfermos y expulsaba demonios.

Claro, sabemos que no toda enfermedad es un demonio. Si me atropella un coche y me rompo una pierna, y necesito sanación, no era un demonio. Me rompí la pierna en un accidente de coche y necesito sanación. Necesito que suceda lo que sucederá naturalmente, ¿verdad? Como hijo de Dios, mi pierna sanaría; quizás no de inmediato, pero sanaría. Sucedería naturalmente. Jesús simplemente dice: «Que se haga ahora. Que el futuro venga ahora». Eso es lo que Él está haciendo: está trayendo lo que está en la plenitud del Reino aquí y ahora.

Cuando Jesús resucita a los muertos, es porque no hay muertos en Apocalipsis 21; la resurrección ha sucedido. Incluso la muerte, el Hades y el mar entregan a sus muertos en Apocalipsis 20. Y son juzgados. Cada uno es juzgado según sus obras. Serás juzgado por tus obras. No eres salvo por tus obras, sino por ellas. Así que se trata de fe; así es como entramos en el Reino. No entramos en el Reino por obras. Nuestras obras nunca nos llevarán al Reino. Solo la fe te lleva al Reino.

Al final de tu vida, serás juzgado por tus obras. Una vez que entras en el Reino, Él nos da trabajo que hacer, y seremos juzgados por él. Así que, este grupo que no cree en el poder del Espíritu Santo, para hoy, dice: "Sentémonos y esperemos". No lo hagas; serás juzgado por tus obras. Entrarán en el Reino. La Escritura dice que muchos entrarán, pero entrarán desnudos.

Porque nosotros somos colaboradores de Dios; ustedes son labranza de Dios, son edificio de Dios. Conforme a la gracia de Dios que me fue dada, yo, como perito arquitecto, puse el fundamento, y otro edifica encima. Pero cada uno mire cómo edifica encima. Porque nadie puede poner otro fundamento que el que está puesto, el cual es Jesucristo. 1 Corintios 3:9-11

Pablo dice: «No cambien el fundamento que se ha establecido». Les prometo que ese grupo que niega el poder del Espíritu Santo para hoy lo está cambiando. Dicen: «Oh, eso ya pasó». No los sigan, porque si alguien intenta cambiar el fundamento, Pablo dice en Gálatas 1: «Si alguien cambia el evangelio que les di, será anatema». Así que, por favor, no los sigan. Él dice: «Que cualquiera que lo cambie sea anatema». Y sin embargo, dicen: «Bueno, ha cambiado; eso fue solo para Pablo». Yo digo: «¡Estás maldito!». Puedes arrepentirte o irte, porque ese no es el evangelio; es herejía, es levadura y afecta al cuerpo de Cristo.

¿Cómo es que en África, Sudamérica, China y en todo el mundo la Iglesia está creciendo exponencialmente? ¿Cómo es que anoche probablemente se salvaron mil personas, y unas 600 la noche anterior? ¿Saben cómo lo hacen en todo el mundo? Por el evangelio del Reino y en el nombre de Jesús, por el poder de Dios. Así es como lo hacen.

Aquí en Occidente, decimos: "¡Conseguimos dos salvos este año! ¡Fue maravilloso!". Y es porque nos convencieron después de largas discusiones. Pero no tenemos que vivir así, Iglesia; ¡necesitamos el poder de Dios! Pablo dice en 1 Corintios 2: "No fui a ustedes con palabras altivas, sino con la demostración del Espíritu y de poder". Sin embargo, este otro grupo dice: "Eso fue solo para entonces". ¡No! ¡Eso no fue solo para entonces!

"Porque para vosotros es la promesa, para vuestros hijos y para todos los que están lejos; para cuantos el Señor nuestro Dios llame." Hechos 2:39

Además, 1 Corintios 3:11-13 dice:

Porque nadie puede poner otro fundamento que el que está puesto, el cual es Jesucristo. Si sobre este fundamento alguien construye con oro, plata, piedras preciosas, madera, heno, hojarasca, la obra de cada uno se hará evidente; porque el día la declarará, pues por el fuego será revelada; y el fuego probará la obra de cada uno para ver cuál es. Si la obra de alguno que ha edificado sobre él perdura, recibirá recompensa. Si la obra de alguno se quema, sufrirá pérdida; si bien él mismo será salvo, aunque así como por fuego. 1 Corintios 3:11-15

¿De qué habla Pablo? Del Día del Señor. Negar el poder de Dios hoy es construir con paja, y todas sus obras serán quemadas, pero ellos mismos serán salvos. Eso es todo: no tendrán nada. Entrarán, pero ninguna de sus obras lo hará. ¿Cuáles son las vestiduras de la novia en Apocalipsis 19? Las obras justas de los santos. Así que, si nuestras obras no son las obras justas de los santos, entraremos, pero estaremos desnudos.

Así que debemos tener mucho cuidado de no cambiar lo que Jesús nos mandó hacer. Lo que Él nos mandó hacer es la plata y el oro. Los mandatos de Jesús son la plata y el oro: predicar el evangelio del Reino. Jesús dice en Mateo capítulo 10 que envía a sus discípulos. No hay instrucciones más claras sobre lo que Jesús quiere de sus discípulos que Mateo capítulo 10. Cada vez que envía a sus discípulos, eso es lo que espera que hagan, y eso es lo que deben hacer por siempre hasta que Él venga.

"Vayan y prediquen el evangelio del Reino y el nombre de Jesús". Eso es lo que vemos en Hechos, capítulo 8: "Sanen enfermos, resuciten muertos, limpien leprosos y expulsen demonios. Den libremente lo que recibieron libremente". Luego, en Marcos, capítulo 16, dice: "Estas señales acompañarán a los que creen: expulsarán demonios, hablarán nuevas lenguas, pisotearán serpientes, pondrán las manos sobre los enfermos y sanarán".

Así es como debería ser la vida del creyente. ¿Por qué? Porque es el Reino de Dios. Si la enfermedad no pertenece al Reino, sáquela. Si los demonios no pertenecen al Reino, sáquelos. Si los muertos no pertenecen al Reino, resucitémoslos. Predicamos el nombre de Jesús porque es en el nombre de Jesús que somos salvos. Pero una vez que entras en el Reino, hay trabajo que hacer.

Él inauguró el Reino y lo consumará en el futuro. ¿Cuántos de ustedes recuerdan la Segunda Guerra Mundial? Probablemente la estudiaron en la escuela. Sabemos de este evento llamado el Día D. Fue el punto de inflexión de la Segunda Guerra Mundial. Hubo una victoria en las playas de Normandía; costó muchas vidas, pero puso a los alemanes en guardia, obligándolos a retroceder hacia Berlín. El Día D fue lo que determinó el resultado de la guerra. La determinación de cómo terminaría la guerra ocurrió ese mismo día.

Sin embargo, no fue el Día de la Victoria, sino el Día D. El Día de la Victoria no se celebraría hasta 11 meses después. ¿Sabías que Estados Unidos perdió más tropas entre el Día D y el Día de la Victoria que en cualquier otro momento antes de la guerra? Hubo bajas, pero el Día de la Victoria era inevitable. Y en la cruz del Calvario, el Día D se produjo. Satanás recibió un clavo en su ataúd. El Día de la Victoria está decidido, va a ocurrir. No es cuestión de "si", sino de "cuándo".

Nos hemos unido a Dios en esta obra para prepararnos para el Día de San Valentín, que ya se acerca. Desconocemos la hora, pero ya está cerca. Es seguro: no hay duda de que habrá victoria ese día. La victoria ya está determinada; estamos en este período intermedio de limpieza. Y somos el equipo de limpieza.

El Rey se sentará donde el enemigo erigió su trono; el trono del enemigo será destruido, y el Rey vendrá, declarando: «Estoy limpiando el desorden de la tierra: sanando a los enfermos, resucitando a los muertos, limpiando a los leprosos», tal como Juan el

Bautista preparaba el camino, allanando los caminos para la venida del Señor, para que cuando Él venga, esté lista para Él. La tierra no se ve como debería, así que Él nos envió a limpiarla para que Él pueda tomar su trono.

Predicarás el evangelio del Reino hasta los confines de la tierra, y entonces yo vendré. Eso nos dicen las Escrituras. Él nos espera a ti y a mí para preparar su venida. Creo que se ha extendido muchas veces porque la Iglesia no se ha preparado para la venida del Rey. Podría haber sido un trabajo rápido.

Pero en el año 313 d. C., el cristianismo se legalizó, y con la legalización del cristianismo, se produjo un alto. Y el cristianismo ya no le costó nada a nadie. Pero el evangelio original decía: «Niégate a ti mismo, toma tu cruz y sígueme», porque ya moriste con Cristo y vivirás para siempre. Ahora es tiempo de vivir para el Reino. Y ya sea que vivas o mueras, vives en Cristo. Ya vives según el Reino futuro, así que ahora, aunque te corten la cabeza, vives, como dijo Pablo: «Vivir es Cristo y morir es ganancia».

Pero porque alguien dijo: «No hagan eso, no llamen a la gente a la cruz. Las autoridades nos dijeron que no lo hiciéramos». Dejamos de obedecer las palabras puras de Dios. Pero déjenme decirles: tenemos una autoridad superior a la autoridad de esta tierra. Su nombre es Jesús. Él es Rey, y debemos obedecerlo. Aunque nos metan en la cárcel o nos corten la cabeza, no me importa. Hay personas moribundas por quienes Jesús pagó, y nunca sabrán si cumplo con todo lo que dice el gobierno.

En China, nunca tienen la libertad de reunirse como en Estados Unidos. De hecho, existe una iglesia legal que el gobierno chino permite a los creyentes chinos. Extrajeron todas las Escrituras importantes, crearon su propia Biblia y dijeron: «No se les permite hablar de esas cosas». Y una parte de la Iglesia dijo: «Muchas gracias». Esa iglesia no está creciendo; está muerta.

Pero la Iglesia clandestina en China dijo: «Pueden encarcelarnos, pueden cortarnos la cabeza, pero debemos predicar acerca de Jesús». Saben, esa es la Iglesia más grande del mundo; más grande que todas las iglesias de América y de Europa juntas. Solo la Iglesia en China es más grande y crece más rápido. ¿Por qué? Porque entienden el evangelio del Reino.

Cuando les dijeron a Pedro y a Juan: «Dejen de hablar de Jesús», dijeron: «¿A quién debemos escuchar? ¿A ustedes o a Dios?». Las autoridades respondieron: «De acuerdo. Si vuelven a hablar de Jesús, los mataremos». La respuesta de Pedro y Juan fue: «Haganlo». Los golpearon y los dejaron ir. Pedro y Juan celebraron haber recibido azotes por Jesús. Pedro y Juan dijeron: «Nos golpearon. ¡Eso es genial! ¡Alabado sea Dios! Acabamos de recibir una especie de recompensa en el Reino, lo sé. Estábamos orgullosos de jactarnos de Él públicamente, y Él dice que estará orgulloso de jactarse de nosotros ante su Padre». ¡Esas son las buenas noticias!

Aquí está el secreto de todo: cada verdad tiene sus contradicciones, y necesitamos encontrar el equilibrio entre la verdad y la verdad, teniendo en cuenta todo el consejo de Dios. Si no hacemos el trabajo que Él nos ha pedido, no estará complacido. Pero la otra cara de esta verdad es lo que vemos con María y Marta en Lucas 10. Marta intenta hacer todo el trabajo, y Jesús le dice: «Mira, tú puedes hacerlo, pero María recibirá la recompensa, y ella no está trabajando, sino sentada a mis pies».

Y lo que creo es que debemos ser María primero. Todo debe surgir de sentarnos a sus pies. Vamos a trabajar, pero que seamos María primero, y que hagamos las obras desde una posición de permanencia. Habrá quienes en ese día digan: "¿No echamos fuera demonios y profetizamos en tu nombre?". Y Él les responderá: "Nunca los conocí". ¿Por qué? Nunca se sentaron a sus pies.

No lo conocieron de verdad. Sabían cómo moverse según el Espíritu, pero no lo conocieron.

Yo soy la vid verdadera, y mi Padre es el viñador. Todo sarmiento que en mí no da fruto, lo quita; y todo el que da fruto, lo poda para que dé más fruto. Ya están limpios por la palabra que les he hablado. Permanezcan en mí, y yo en ustedes. Como el sarmiento no puede dar fruto por sí mismo si no permanece en la vid, tampoco ustedes si no permanecen en mí. Yo soy la vid, ustedes son los sarmientos. El que permanece en mí, y yo en él, da mucho fruto; porque separados de mí nada pueden hacer. Si alguno no permanece en mí, es echado fuera como un sarmiento y se seca; los recogen, los echan al fuego y arden. Si permanecen en mí, y mis palabras permanecen en ustedes, pidan lo que quieran, y se les concederá. En esto es glorificado mi Padre: en que den mucho fruto, y así serán mis discípulos. Juan 15:1-8

Fíjense en las primeras palabras: «Yo Soy». ¿Cómo se llama Dios Padre? «Yo Soy». Jesús acaba de decir de sí mismo: «Yo Soy». Lo sorprendente es que el Evangelio de Juan se estructura en torno a siete afirmaciones «Yo Soy». Los Evangelios Sinópticos (Mateo, Marcos y Lucas) tratan sobre la comprensión del Reino. Y Juan dice: «Bien, tú entiendes el Reino, pero déjame asegurarme de que entiendes a Jesús». Y da las siete afirmaciones «Yo Soy» de Jesús, y escribe todo el Evangelio basándose en ellas.

Deberías leer a Juan, deberías leerlo completo. Pero, si no está equilibrado por el Reino, no servirá de nada. Juan nos invita a una maravillosa intimidad con Dios, acurrucándonos contra el pecho de Jesús. Mateo, Marcos y Lucas declaran: "¡Asaltemos las puertas del infierno!". De alguna manera, el único libro de Juan pesa y equilibra tres Evangelios; es asombroso.

Es muy importante que equilibremos esto. Si leemos a Juan y nos preguntamos: "¿Quién es Dios?", descubrimos que Él es amor. Y Juan profundiza en Jesús, quién es este Dios, que es amor, y verás la palabra "amor" con frecuencia. Pero Juan también habla de ser plantados por el Señor. Lo leemos en Isaías 60 y 61, donde ambos capítulos hablan de ser plantados por el Señor para darle gloria.

Creo que la postura y actitud de María —ser plantado por el Señor— es lo que esto representa. No puedes dar fruto a menos que seas plantado por el Señor. Analicemos Juan 15: Jesús dice:

Yo soy la vid, y mi Padre es el viñador. Todo pámpano que en mí no da fruto, lo quita; y todo aquel que da fruto, lo poda para que dé más fruto. Juan 15:1-2

Continúa:

Permanezcan en mí, y yo en ustedes. Como el pámpano no puede dar fruto por sí mismo si no permanece en la vid, así tampoco ustedes si no permanecen en mí. Yo soy la vid, ustedes los pámpanos. El que permanece en mí, y yo en él, ése da mucho fruto; porque separados de mí nada pueden hacer. Juan 15:4-5

Es como, "¿No acaba de decir eso?". Cada vez que lees algo en las Escrituras y piensas, "Estoy bastante seguro de que acaba de decir eso", Él está tratando de llamar tu atención. Está diciendo: "Esto es muy importante; lo diré dos veces".

Si alguno no permanece en mí, será echado fuera como pámpano y se secará; los recogen, los echan al fuego y arden. Si permanecéis en mí, y mis palabras permanecen en vosotros, Juan 15:6-7

¿Cómo se ve cuando Él permanece en nosotros y Su Palabra permanece en nosotros?

Pedid lo que queráis, y os será hecho. En esto es glorificado mi Padre.
Juan 15:7-8

¿Lo captaste? Isaías 60 y 61 dice que Él te plantará, darás fruto y glorificarás al Padre. Jesús simplemente dijo: «Yo soy la vid, ustedes son los pámpanos. Mi Padre es el labrador. Cuando le permitan podarlos, darán mucho fruto y glorificarán al Señor». Así que todo el fruto del Reino —predicar el evangelio del Reino, sanar, resucitar, liberar— comienza aquí mismo: «Permanezcan en Él».

¿Quieres glorificar a Dios? Permanece en Él. Permanece en Su Palabra y deja que Su Palabra permanezca en ti. Necesitas tu tiempo para conocer la Palabra, para conocer la verdad, para que puedas ser libre y permanecer libre, permanecer, dar fruto y glorificar a Dios. Si quieres sanar enfermos, resucitar muertos y limpiar leprosos, siéntate a sus pies, lee Su Palabra y escucha Su voz. Entonces, sanar y todo lo demás es fácil; podemos enseñarte a hacerlo en un fin de semana. Es realmente fácil. Él lo hace todo. Ahora, permanezcamos.

Debemos entender el evangelio como un Reino que tiene un Rey, y a nosotros como un pueblo que se prepara para la venida de ese Rey, el Rey que ha venido y que viene. Todo el Nuevo Testamento es así. Algunos preguntan: "¿Ha venido o viene?". Y el Nuevo Testamento responde: " Sí" . Debemos considerarlo así. Somos salvos por fe, pero tenemos trabajo que hacer. Nos desequilibramos cuando damos más importancia a uno que a otro. Todo se equilibra de esta manera.

Es importante que entendamos que el Reino de Jesús es ahora y todavía no. Esa es la tensión en la que vivimos. El Reino ya se inauguró, ya está aquí, pero su plena manifestación aún está por venir. Ese es el "todavía no". Pero como pueblo suyo, vivimos en ese espacio intermedio donde el Reino irrumpe en este mundo a través de nosotros.

Cuando permanecemos en Él, damos fruto del Reino en el presente. Estamos llamados a realizar la obra del Reino, llevando sanidad, liberación y la buena nueva a quienes están perdidos y sufriendo. Pero lo hacemos con la mirada puesta en la plenitud del Reino que está por venir. Jesús dijo:

"Buscad primeramente el reino de Dios y su justicia, y todas estas cosas os serán añadidas." Mateo 6:33

¿Qué significa buscar primero el Reino? Significa que el Reino de Dios y su justicia deben ser el centro de nuestras vidas. Todo lo demás —nuestros trabajos, familias e incluso nuestros ministerios— debe someterse al gobierno y reinado del Rey Jesús. Es su Reino el que estamos construyendo, no el nuestro. También lo vemos en el Padrenuestro, donde Jesús nos enseñó a orar.

"Venga tu reino. Hágase tu voluntad, como en el cielo, así también en la tierra." Mateo 6:10

Esta es una poderosa declaración de que el Reino de Dios invadiría la tierra, que su voluntad se haría aquí como en el cielo. Esto significa que oramos para que las realidades del cielo —donde no hay enfermedad, dolor, tristeza ni pecado— irrumpan en nuestro mundo. Y esto sucede a través de nosotros, la Iglesia. La Iglesia es el agente del Reino en la tierra. Somos el cuerpo de Cristo, y como su cuerpo, estamos llamados a continuar su obra, proclamando el evangelio del Reino y demostrando su poder. Jesús nos dio la Gran Comisión en el Evangelio de Mateo.

Toda autoridad me ha sido dada en el cielo y en la tierra. Por tanto, id y haced discípulos a todas las naciones, bautizándolos en el nombre del Padre, del Hijo y del Espíritu Santo, enseñándoles a obedecer todo lo que os he mandado; y he aquí, yo estoy con vosotros todos los días, hasta el fin del mundo. Mateo 28:18-20

Esta comisión es nuestra misión hasta que Jesús regrese. Estamos llamados a ir y hacer discípulos; no solo conversos, sino discípulos que sigan a Jesús y obedezcan sus mandamientos. También estamos llamados a bautizarlos y enseñarles a obedecer todo lo que Jesús mandó. Observen que Jesús dijo: «Yo estoy con ustedes siempre, hasta el fin del mundo». Esto significa que no lo hacemos solos. Jesús está con nosotros y, mediante el poder del Espíritu Santo, podemos cumplir esta misión. Pero esta misión no se trata solo de predicar palabras, sino de demostrar el Reino con poder. Jesús dijo:

Pero recibiréis poder, cuando haya venido sobre vosotros el Espíritu Santo, y me seréis testigos en Jerusalén, en toda Judea, en Samaria y hasta lo último de la tierra. Hechos 1:8

No podemos cumplir la Gran Comisión sin el poder del Espíritu Santo. La Iglesia primitiva lo comprendió. No solo predicaban el evangelio, sino que demostraban el poder del Reino. Por eso vemos milagros, señales y prodigios a lo largo del libro de los Hechos. No eran solo palabras, sino una demostración del Reino. Pablo dijo:

"Porque el reino de Dios no consiste en palabras, sino en poder." 1 Corintios 4:20

El Reino no se trata solo de predicar o enseñar, sino de demostrar el poder de Dios. Y ese poder está disponible para todo creyente. Jesús no solo envió a los apóstoles con esta misión; envió a todos sus discípulos. Eso nos incluye a nosotros.

Y estas señales seguirán a los que creen: En mi nombre echarán fuera demonios; hablarán nuevas lenguas; tomarán en las manos serpientes; y si beben algo mortífero, no les hará daño; sobre los enfermos pondrán las manos, y sanarán. Marcos 16:17-18

Estas señales no son solo para unos pocos, sino para todos los creyentes. El poder del Espíritu Santo está disponible para nosotros hoy, al igual que lo estuvo para la Iglesia primitiva. Cuando comprendemos el Reino y su poder, podemos vivir plenamente lo que Jesús nos ha llamado a hacer. Pero recuerden, como mencionamos antes, todo esto proviene de permanecer en Jesús. No podemos hacer nada con nuestras propias fuerzas. Esto significa que todo lo que hacemos en el Reino debe provenir de nuestra conexión con Jesús. Debemos permanecer en Él, pasando tiempo en su presencia, escuchando su voz y dejándonos guiar por su Espíritu. Así es como damos fruto. Así es como traemos las realidades del Reino al mundo que nos rodea.

El Reino ya está aquí y viene. Estamos llamados a vivir en la tensión del "ahora" y el "todavía no". Proclamamos el evangelio del Reino, demostramos su poder y nos preparamos para el día en que Jesús regrese y establezca plenamente su reino en la tierra. Hasta entonces, tenemos trabajo que hacer. Debemos ocuparnos de la obra del Padre, trayendo su Reino a la tierra y haciendo discípulos de todas las naciones. Y lo hacemos con la seguridad de que Jesús está con nosotros y de que su poder está a nuestra disposición a través del Espíritu Santo.

Se acerca el día en que la plenitud del Reino llegará: cuando Jesús enjugará toda lágrima y no habrá más muerte, tristeza ni dolor. Pero hasta ese día, estamos llamados a ser sus testigos, demostrando su Reino y su poder a un mundo que lo necesita desesperadamente. Vivamos con urgencia, sabiendo que el tiempo es corto y que el Rey viene pronto. Busquemos primero su Reino y su justicia, y confiemos en que todo lo demás nos será añadido al realizar la obra que él nos ha llamado a hacer.

Seamos la Iglesia que Jesús quiso que fuéramos: una Iglesia llena de su Espíritu, que camina en su poder y extiende su Reino en la tierra. Seamos quienes llevan la luz de Cristo a los lugares más oscuros, sabiendo que no estamos solos. Él está con nosotros, dándonos poder en cada paso del camino. La Biblia dice:

"Porque el anhelo ardiente de la creación es el aguardar la manifestación de los hijos de Dios." Romanos 8:19

Toda la creación espera que nosotros, los hijos de Dios, nos levantemos y ocupemos nuestro lugar en el Reino. Espera que revelemos el Reino de Dios en la tierra como en el cielo. El mundo anhela algo real, algo que vaya más allá de las palabras y las doctrinas; espera ver el poder del Reino.

Por eso estamos aquí. Esta es nuestra misión. No estamos aquí solo para existir hasta que muramos e vayamos al cielo; estamos aquí para traer el cielo a la tierra, para traer el gobierno y el reino de Dios a cada ámbito de la vida y para llevar a las personas al conocimiento salvador de Jesucristo. Se acerca el día en que toda rodilla se doblará y toda lengua confesará que Jesucristo es el Señor, para gloria de Dios Padre (Filipenses 2:10-11). Pero, hasta ese día, vivamos como ciudadanos de su Reino, andando en su autoridad y proclamando la buena nueva del Reino dondequiera que vayamos. Los campos están listos para la cosecha. Jesús dijo:

«A la verdad, la mies es mucha, pero los obreros pocos. Por tanto, rogad al Señor de la mies que envíe obreros a su mies.» Mateo 9:37-38

Seamos esos obreros. Seamos quienes salgamos a la cosecha, rescatando a los perdidos, sanando a los enfermos, expulsando demonios y resucitando a los muertos. Seamos quienes llevemos el mensaje del Reino hasta los confines de la tierra. No hay mayor llamado. No hay mayor misión. Y no hay mayor recompensa que saber que colaboramos con Jesús para traer su Reino a la tierra.

Por tanto, ¡levántate, Iglesia! ¡Levántate, resplandece, porque tu luz ha llegado! El Reino está cerca y el Rey viene pronto. Preparémonos para su regreso haciendo la obra que nos ha llamado a hacer, fortalecidos por su Espíritu y viviendo en la plenitud de su Reino. Jesús dice:

«*Y he aquí, yo vengo pronto, y mi galardón conmigo, para recompensar a cada uno según sea su obra.*» Apocalipsis 22:12

Vivamos con la certeza de que el Rey viene pronto. Vivamos cada día con la urgencia y la pasión que nos da saber que hemos sido llamados a extender su Reino, proclamar su evangelio y demostrar su poder. Asegurémonos de que, cuando venga, escuchemos las palabras: «Bien hecho, siervo bueno y fiel. Entra en el gozo de tu Señor».

Somos el pueblo de su Reino, y se nos ha encomendado la misión de su Reino. Salgamos, con el poder del Espíritu Santo, y cumplamos esa misión. Vivamos como ciudadanos del Reino de Dios, con la mirada puesta en Jesús, el Autor y Consumador de nuestra fe, hasta que regrese en gloria para establecer su Reino para siempre.

Preguntas para discusión

1. ¿Cómo influye en tu enfoque actual de la fe y el ministerio comprender cómo Jesús demostró el Reino de Dios? ¿De qué maneras prácticas puedes participar en traer las realidades del cielo (sanidad, liberación, milagros) a la tierra en tu vida diaria?

2. ¿Qué significa permanecer en Cristo, y cómo esta permanencia te capacita para dar fruto para el Reino? ¿Cómo puedes cultivar una intimidad más profunda con Jesús para asegurar que tus obras se basen en una relación genuina con Él?

3. Considerando el énfasis de este capítulo en la urgencia de impulsar el Reino, ¿qué pasos puedes dar para alinear tus prioridades con la misión de Dios? ¿Cómo influye el concepto del Reino "ahora y todavía no" en tu perspectiva sobre el papel de la Iglesia y tu responsabilidad personal en ella?

5

LA ÉTICA DEL REINO

Como hemos visto, nuestro enfoque debe ser el Reino de Dios. La Iglesia en Occidente, en general, parece no comprenderlo del todo, así que solemos predicar el evangelio de salvación. Ahora bien, el evangelio de salvación es bueno. Es vital, de hecho, pero es parte del Evangelio del Reino. Es solo una parte. Podemos predicar el evangelio de salvación y dejar de lado el Evangelio del Reino. Pero debemos entender que el evangelio que Jesús predicó fue el Evangelio del Reino.

¿Por qué la Iglesia a veces parece tan impotente? Es porque tiene el evangelio de salvación, pero no el Evangelio del Reino. Creo que debemos predicar el evangelio que Jesús predicó porque la salvación está incluida en él. En lugar de separar lo que nos beneficia de lo que nos cuesta, necesitamos el evangelio completo. Lo que sucede cuando nos centramos solo en el evangelio de salvación es que la gente se salva, pero luego simplemente espera la eternidad. No hay nada más que hacer. Piensan: "Ojalá sea lo suficientemente buena persona y pueda entrar". Esto lleva a los cristianos a vivir vidas impotentes porque no entienden que Jesús no solo quería salvarlos para que algún día pudieran ir al cielo. Ese no es el plan ni el propósito final de Dios. Incluso cuando nos enseñó a orar, dijo: "Venga tu reino. Hágase tu voluntad en la tierra como en el cielo".

El Reino de Dios se relaciona con el gobierno y reinado de Dios. Este capítulo se centrará en lo que llamo la ética del Reino. Comprender esto mejorará nuestra comprensión del Reino y de la Biblia en su totalidad. Espero que, a estas alturas, mientras leen este libro, la Biblia tenga más sentido que al principio. Nuestro amigo Romeo, uno de nuestros discípulos en Burkina Faso, África Occidental, dice: «La iglesia en Estados Unidos es muy interesante. Dicen: 'Me gusta esta parte de la Biblia, pero no me gusta esa otra'. ¡Ah, me gusta esta parte! Simplemente eligen las partes que les gustan y dejan de lado algunas».

Iglesia, les digo que no deberíamos omitir ninguna parte de las Escrituras. Todo tiene sentido y encaja en una sola historia. Pero si pasamos por alto ciertos aspectos fundamentales, tendremos que elegir cuidadosamente, porque no tendrá sentido. Si tienen un cesacionista... Si crees que los dones espirituales han cesado, tendrás muchos conflictos con la Biblia. Tendrás que pasar por alto muchas Escrituras. A menudo, ese es el grupo que cree tener el camino correcto. Pero para creer eso, hay que saltarse la mitad de la Biblia. ¿Cómo podemos pensar que tenemos el camino correcto si tenemos que saltarnos la mitad de las Escrituras o decir: "Eso ya no importa"?

El enfoque de este capítulo es el Sermón del Monte. Jesús dijo que ni una tilde (la letra más pequeña de las Escrituras Hebreas) pasará hasta que pasen el cielo y la tierra. Sabemos que el cielo y la tierra pasarán cuando Jesús traiga un cielo nuevo y una tierra nueva, pero hasta entonces, nada de esto pasará. Sin embargo, decimos: "Pasó". Eso contradice las Escrituras. Quiero asegurarme de que puedan leer la totalidad de las Escrituras sin contradicciones. Hemos hablado de por qué los milagros, las señales y los prodigios siguieron a Jesús. Espero que les sea de bendición comprender que Jesús no hizo milagros, señales y prodigios porque fuera Dios. Los hizo porque en el Reino de Dios, como se describe en Apocalipsis 21 y 22, esas cosas (enfermedad, muerte, opresión demoníaca) no pertenecen allí. Así que, si Jesús trae el Reino de su Padre, los enfermos necesitan ser sanados porque la enfermedad no pertenece al Reino; los demonios necesitan ser expulsados porque no pertenecen al Reino. Los muertos necesitan resucitar porque no hay muerte en el reino y el gobierno de Dios. Estas son señales de que el Reino está cerca.

Pero hay algo más con lo que debemos lidiar con respecto al Reino que cambiará cada aspecto de tu vida: No solo harás milagros. Llegará el día en que Jesús dice, en Mateo 7 (parte del Sermón del Monte), que la gente dirá: "Señor, Señor", ¿y qué dirá Él? No todos los que claman "Señor, Señor" entrarán en el Reino de los Cielos. Él dice que habrá algunos que lo hagan, pero Su respuesta será: "Apartaos de mí, hacedores de iniquidad, nunca os conocí". Y dirán: "Pero profetizamos, hicimos grandes maravillas y echamos fuera demonios. ¿No hicimos todo esto en tu nombre?". Pero Él dirá: "Nunca os conocí". No hay duda de que puedes hacer las obras del Reino, pero con un ingrediente clave faltante, Jesús dirá: "No os conozco". Por eso este capítulo es tan importante.

Jesús ora en Juan 17, que en realidad es el Padrenuestro, porque es cuando el Señor oró. Nos gusta llamar a la oración de Mateo 6, donde Jesús enseña a los discípulos a orar, el Padrenuestro. Él dice: «No oren oraciones largas y repetitivas como las de los gentiles, pensando que serán escuchados por su palabrería. No oren así». Cantaban, como hacen las brujas. Él dijo: «No oren así. Oren así: Padre nuestro, que estás en los cielos...». A esto lo llamamos el Padrenuestro, pero Jesús en realidad tenía una oración que era suya, el Padrenuestro, y en ese momento íntimo con el Padre, oró algo más:

"Para que todos sean uno; como tú, oh Padre, en mí, y yo en ti, que también ellos sean uno en nosotros; para que el mundo crea que tú me enviaste." Juan 17:21

Unos versículos más adelante, Jesús revela que este es su deseo. El deseo de Jesús, quien no tiene otros deseos aparte de los del Padre, demuestra que esto es lo que el Padre desea: que todos seamos uno, y que seamos uno con Él, quien es uno con el Padre en el Espíritu. Esta es la verdadera meta del Padre, del Hijo y del Espíritu Santo: que tengamos lo que ellos tienen, que es esta hermosa armonía en su relación.

Ahora bien, esto no es fácil. De hecho, es muy difícil. Si están casados, lo entienden. ¿Cuántos de ustedes han tenido dificultades en el matrimonio? Sin embargo, es el deseo de Dios que nos convirtamos en uno en nuestro matrimonio, ¿verdad? Y el deseo de Jesús es que su iglesia sea una, y que ella sea una con él. El mundo respondería diciendo: "¡Guau, queremos eso!". Hay una unidad que Dios busca en su iglesia; no la que proviene de tener un certificado de matrimonio, sino la unidad de una vida vivida y experimentada, de crecimiento y madurez, donde nuestras vidas están entrelazadas, de modo que Dios mismo los vea y diga: "¡Guau, son uno!".

Que haya unidad incluso con tus hijos, tú y tu familia. Que haya unidad incluso con tus vecinos. Este es el deseo de Dios. Sé que aquí en Estados Unidos nos llaman "Estados Unidos", pero también sé que hay mucho conflicto y división, lo cual no es el deseo de Dios. El deseo de Jesús es que seamos uno.

Las Escrituras del Antiguo Testamento nos dan una manera de estar bien con Dios, de ser uno con Él. Es la ley. Dios dio la ley. En Éxodo, capítulo 20, dio los Diez Mandamientos. «Si haces esto, serás justo», lo que significa que estarás en buena relación con Dios. Y al final de esta vida, si has hecho todas estas cosas, estarás bien con Dios y recibirás la vida eterna. Así era el Antiguo Testamento. Pero Jesús viene y dice: «No he venido a abolir eso. He venido a cumplirlo» (Mateo 5:17).

Su forma de vivir se basaba en las obras: Si hago esto, obtengo esto. Pero Jesús le da la vuelta. Existe un imperativo: «Tú eres». Luego está el indicativo: «el resultado de lo que eres». Por ejemplo, pongamos un perro. Digamos que eres un perro, y los perros recogen pelotas. Ser un perro es el imperativo, y recoger pelotas es el indicativo. Así que un perro recoge pelotas porque es un perro. En el Antiguo Testamento, el imperativo venía después del indicativo: Si vives con rectitud, si obedeces la ley, entonces serás justo, serás bendecido y obtendrás la vida eterna. En el Nuevo Testamento, el imperativo va primero: «Eres justo». El indicativo viene después: «Vivir con rectitud».

Si no entendemos esto, viviremos religiosamente. Viviremos haciendo cosas piadosas para poder obtener algo. El Nuevo Testamento dice: "Lo tienes, así que vívelo". El imperativo viene primero, así que el indicativo viene después. Quiero mostrarte esto en Mateo capítulo 5 porque es vital para entender el cristianismo. No puedes ser justo por ti mismo. Tu indicativo nunca hará tu imperativo. Nunca funcionará de esa manera. Nunca te convertirás en un hijo de Dios por tus buenos esfuerzos. Algunos de nosotros estamos trabajando muy duro para ser buenos, y es agotador. Si ese es tu caso, me emociona que entiendas esta revelación: Deja que el imperativo venga primero. Deja que se declare acerca de ti para que puedas vivir el resultado de él. **Eres un hijo de Dios.**

El Sermón del Monte es una imagen de Jesús como el Moisés más grande, el más grande que Moisés. Moisés dijo: «Viene uno como yo, pero más grande. Será un profeta como yo, pero más grande» (Deuteronomio 18:18). En el Sermón del Monte, Jesús sube a un monte. ¿De dónde obtuvo Moisés la ley? De un monte.

Así que Jesús está poniendo en práctica esto. Sube, los invita a sentarse y comienza a darles la ley, pero de una manera diferente. El imperativo viene primero. Dice: «¡Benditos!». Eres bendecido, así que repasémoslo rápidamente:

"Bienaventurados los pobres en espíritu..." Mateo 5:3

El imperativo viene primero: Eres bendecido, por lo tanto, eres pobre de espíritu. «Bendito» es lo que eres; lo que haces viene después de lo que eres. Eres bendecido y, por eso, eres pobre de espíritu.

- "Bienaventurados los que lloran, porque ellos recibirán consolación."
- "Bienaventurados los mansos, porque ellos heredarán la tierra."
- "Bienaventurados los que tienen hambre y sed de justicia, porque ellos serán saciados."

Y así sigue. Animo a todos a que dediquen tiempo a leer en las Escrituras lo que hablo en este capítulo, porque es muy complejo. El imperativo viene primero: **Bienaventurados ustedes**, y los bienaventurados son así. Jesús continúa diciendo:

"Ustedes son la sal de la tierra." Mateo 5:13

Tú eres—esto es lo que eres. El imperativo viene primero. Luego dice, "Ustedes son la luz del mundo. Dejen que su luz brille." El imperativo de lo que ustedes son—luz—libera el indicativo de ustedes brillando debido a lo que ustedes son. Ustedes son la luz, así que brillan. Ustedes son sal, así que sean salados. Ustedes son bendecidos, y así es como es eso. Esto se mete con los fariseos porque están tratando de ganar algo, y Jesús lo está volteando: *Vas a ser así porque esto es lo que eres*. Si le das la vuelta, volverás a la religión y tratarás de ganártelo. Jesús declara, "Ustedes son justos;

ahora vivan justamente." Esto lo cambia todo. Esto se mete con aquellos que entienden la ley en la era del Nuevo Testamento. Pero esto es lo que Jesús continúa diciendo;

No piensen que vine a abolir la Ley ni los Profetas. No vine a abolir, sino a cumplir. Porque de cierto les digo que hasta que pasen el cielo y la tierra, ni una jota ni una tilde pasará de la ley hasta que todo se haya cumplido. Mateo 5:17-18

Hasta que entremos plenamente en el tema, Él dice: "De manera que cualquiera que quebrante uno de estos mandamientos muy pequeños, y así enseñe a los hombres, muy pequeño será llamado" (versículo 19).

"Porque les digo que si su justicia no es mayor que la de los escribas y fariseos, no entrarán en el reino de los cielos." Mateo 5:20

El pueblo judío —pescadores, recaudadores de impuestos y la gente común que escuchaba— debieron pensar: "¿Cómo podemos hacer eso? ¿A menos que vaya más allá de su justicia?". Pensaban: "¿Quién puede entrar, entonces?". Jesús es el único que, con su propio esfuerzo y trabajo, puede entrar.

Permítanme resolverles algo que es difícil para los teólogos. Este es un gran problema para las iglesias reformadas. No quieren que el arrepentimiento sea una obra, porque la Escritura dice en Efesios 2:8: «Somos salvos por gracia mediante la fe, no por obra nuestra, para que no nos jactemos». Así que no somos salvos por nuestras obras. Este es el problema: la gente no quiere que el arrepentimiento sea una obra, porque en las Escrituras, la fe y el arrepentimiento van de la mano. Si van de la mano, entonces se está trabajando. Para evitar esto, la gente no llama al arrepentimiento. Pero ese no es el caso. No es complicado.

¿Cómo entramos? Por la fe. ¿De dónde viene la fe? De oír la

palabra de Dios. Cuando oyes la palabra de Dios, hay algo en ella: es gracia. Cuando la oyes, es el rhema de Dios, no solo el logos. El logos es la palabra escrita de Dios; el rhema es la palabra recién hablada de Dios. Cuando hablamos el logos con el Espíritu de Dios, se convierte en rhema. Y cuando la oyes, dices: "¡Dios mío, esto es verdad!". La gracia te hizo capaz de ver lo que antes no podías ver. Crees; se basa en la fe. Ahora, porque crees, hay una obra que hacer que antes no podías hacer sin la gracia.

¿Qué es la gracia? Aquí es donde la Iglesia tiene dificultades. La gracia es el empoderamiento divino: Dios te da el poder para hacer algo que no puedes hacer. Eres salvo por su poder, no por el tuyo. No por fuerza, ni por poder, sino por su Espíritu. Así que sí, necesitamos arrepentirnos, y hay trabajo por hacer.

"Porque somos hechura suya, creados en Cristo Jesús para buenas obras, las cuales Dios preparó de antemano para que anduviésemos en ellas." Efesios 2:10

Hay buenas obras que podemos hacer que no podríamos hacer con nuestras propias fuerzas. Así que sí, el arrepentimiento es una obra, pero no es obra de tu poder. Es obra de Su gracia. La gracia te capacita para ver que vas por mal camino, y por Su poder te vuelves y vas por el buen camino. El arrepentimiento es apartarse. Ibas por un camino, y Efesios 2 habla de esto: Antes eras como los gentiles, siguiendo tu propio camino, conforme al príncipe de la potestad del aire, hijo de perdición. Pero gracias a Su gracia, ves que Jesús es el Hijo de Dios, y que va por este camino. La gracia te permite volverte y seguirlo.

Tu arrepentimiento —tu respuesta de dejar tu propio camino para seguir el suyo— se debió a que su gracia te hizo capaz de ver y te dio el poder para cambiar. Así que hay trabajo que hacer, pero no puedes hacerlo solo. No con tu fuerza, sino con su gracia. Por eso eres bendecido: tienes su gracia. Eres bendecido. Cuando crees porque escuchaste la palabra de Dios y su gracia estaba sobre ella, tienes fe. La Biblia dice que en ese momento, te convertiste en hijo de Dios. A todos los que creen, les ha dado el derecho de ser hijos de Dios. En ese momento, Dios está contigo, y eres bendecido porque su gracia ha llegado. Te ha dado vida y la capacidad de andar por el buen camino.

Lo que pasa es que empiezas a lamentar tu pecado. Tienes una revelación de que has estado pecando. Vivías de cierta manera en el mundo y no tenías ninguna convicción al respecto. Así era yo: robaba a la gente. Pensaba: "Oh, tú tienes esto y yo no, pero lo quiero, así que lo tomaré y puedes intentar hacer algo al respecto". Hice todo tipo de locuras. Luego fui salvo y pensé: "¿Qué estoy haciendo? Ya no puedo hacer esto". Mis amigos pensaron: "Oye, ven conmigo, ve por aquí", y yo dije: "No puedo ir por allá. Ya no puedo hacer eso". Algo dentro de mí no quería hacer eso. Simplemente dije: "No, gracias".

Cuando ciertas cosas salían de mi boca, pensaba: "¿Qué fue eso? Es repugnante. Ya no me gusta". Esa fue su gracia en mí, dando testimonio de que soy hijo de Dios, transformándome, concediéndome el arrepentimiento y dando testimonio de que ahora estoy vivo. Él dice: "Quienes lo siguen, quienes andan por el Espíritu, son hijos de Dios".

Este es otro problema que tiene la Iglesia: Hemos creído esta mentira que dice: "Creo que soy hijo de Dios y ya está, así que solo espero el cielo un día y realmente no necesito cambiar mucho". No. Él dice: "Los que andan conforme al Espíritu, esos son hijos de Dios". Encontrarás eso en Romanos, Efesios, Gálatas, una y otra vez. Los que viven conforme al Espíritu no gratifican la carne. Los que viven conforme a la carne están muertos, porque la paga del pecado es muerte, y la carne solo produce pecado. Pero ya no hacemos eso porque somos hijos de Dios. Andamos conforme al Espíritu.

Gordon Fee, un teólogo extraordinario y una de mis personas favoritas, dijo: «Un cristiano es alguien que realmente quiere serlo». Esa es mi definición de cristiano: alguien que realmente quiere serlo. Es decir, tienes este deseo de hacer lo correcto. Pero para quienes dicen: «Creo, y sé que Dios dice: no hagas esto, no hagas aquello, pero». Y su voz no los convence en absoluto, y no tienen hambre ni sed de justicia, ¿son realmente hijos de Dios? Eres un hijo de Dios. Eres bendecido. Eres bendecido cuando tienes hambre y sed de justicia; es el resultado de lo que eres.

Un cristiano es alguien que realmente quiere serlo. Alguien que realmente desea la justicia, que realmente quiere a Dios, que realmente quiere andar en la luz, que realmente quiere ser libre. Eso es un cristiano: alguien que busca primero su Reino y su justicia. Ahora bien, debemos recordar que no podemos lograrlo con nuestras propias fuerzas. Lo obtenemos por su Espíritu, su fuerza, su poder.

Quiero centrarme en tres cosas: amor, humildad y honor. Jesús, en la segunda mitad del capítulo 5 de Mateo, repasa la segunda mitad de los Diez Mandamientos. La primera mitad trata sobre la justicia entre tú y Dios. La segunda mitad trata sobre la justicia entre tú y los demás. La primera mitad dice: «No tengas ídolos, no tengas otros dioses, no adores ni blasfemes el nombre del Señor». Todos estos mandamientos se refieren a amar a Dios. La segunda mitad se refiere a la relación entre tú y tu prójimo. Así es la ley; por eso, amar a Dios y amar al prójimo cumple toda la ley, porque se refiere a Dios y al prójimo. (Mateo 22:37-40, Romanos 13:8-10)

Para desglosar esto, Jesús está haciendo esto en Mateo capítulos 5 al 7. Jesús también agrega algunas cosas. El capítulo 6 de Mateo es todo acerca de la justicia con Dios: cómo oras, cómo ayunas y cómo das. No lo hagas por el hombre, hazlo por Dios.

Lo harás en secreto porque Dios sabe lo que haces en secreto y te recompensará públicamente. Luego habla de las posesiones: cómo te relacionas con las posesiones ahora debido a quién eres. Jesús está redefiniendo tu relación con las posesiones, mostrando cómo te relacionas con el mundo y las cosas materiales del mundo debido a quién eres. Para resumir: Jesús explica cómo te relacionas con Dios, cómo te relacionas con tu prójimo y cómo te relacionas con las posesiones del mundo. Todos estos están cubiertos en el Sermón del Monte porque Él está volviendo a dar la ley a través de la lente del Espíritu.

Ahora, quiero darles tres cosas. Jesús dice: "Hagan esto y lo cumplirán todo". Muchas veces pensamos: "Quiero hacer esto, pero no sé cómo", y pasamos por alto las otras dos cosas que resultan de esto. Si podemos ver las tres, podremos hacerlo. Permítanme mostrarles tres cosas que resultan en el deseo de Dios. De nuevo, el deseo de Dios es que seamos uno. Este es su deseo eterno. Por eso es importante, porque no sanarán enfermos en la eternidad. No expulsarán demonios en la eternidad. Pero harán lo que les estoy diciendo hoy en la eternidad. ¿Qué dijo Jesús que cumple la ley? El amor.

Lo primero Es amor. Si entiendes el amor, la ley te será fácil. Uno de los mandamientos es: «No cometas adulterio». Los fariseos decían: «Sí, nunca he hecho eso. Soy bueno». Pero ¿sabías que podrías ser un desgraciado y no cometer adulterio? Así que eso no cumple realmente el deseo de Dios.

Podemos tener este "límite" donde pensamos, mientras no me salga de esta ley, estoy bien, pero aún podrías ser un miserable dentro de ella. Él dice: "No matarás". Sabes, podrías ser un miserable y no matar. Jesús dice: "Si codicias a la esposa o al esposo de tu prójimo, si incluso lo tienes en tu corazón como desearías, ya lo has hecho". Comienza en el corazón. Todo comienza en el corazón. Él toma la ley y la aplica a tu corazón. ¿Dónde comienza el Reino de Dios? Los fariseos querían saber cuándo, cómo y dónde vendría el Reino de Dios. Jesús dijo en Lucas 17: "Está dentro de ti". El reino y el gobierno de Dios comienzan dentro de ti. También el pecado.

Jesús dice que el asesinato comienza con el odio. Podríamos decir: «Soy justo porque no he asesinado», y Jesús dice: «Déjame darte una nueva definición de justicia: No tengas odio en tu corazón hacia tu hermano». Porque el objetivo es la conexión con tu hermano. ¿No puedes asesinar a tu hermano y seguir viviendo desconectado? Entonces ya hemos fallado, porque el objetivo de Dios es la conexión, es la unidad.

Si tengo a alguien en mi vida y cada vez que lo veo pienso: «No lo soporto. No soporto su ropa. Se cree tan especial». Pero no lo he matado, así que debo seguir siendo justo. Jesús dice: «Esto no funciona así. Déjame ayudarte a entender lo que realmente vine a hacer».

Jesús incluso habla de no saludar a nadie. Dijo que, si solo saludas a tu familia y a quienes te agradan, ¿de qué sirve? Si ves que alguien que conoces te ha hecho daño, sea lo que sea, y actúas como si no lo vieras, ese no es el camino de Dios. Quizás lo veas en el supermercado, pero finges que no. Simplemente pasas de largo. Pero te emocionarías tanto si vieras a tu maestra de segundo grado, a alguien a quien amabas muchísimo: "Oh, Sra. Potts, ¿qué pasa? ¿Se acuerda de mí?". Estás tan emocionado de verlo. Pero con esa otra persona, simplemente mantendrías la cabeza gacha y buscarías otro pasillo. Jesús dice: "Ya te perdiste mi deseo, que es la unidad".

El objetivo no es solo no asesinar ni cometer adulterio. El objetivo es que exista una conexión a través del amor sincero. Si no la tenemos, ya hemos fallado en el deseo de Dios. Por eso, en el matrimonio, creemos que estamos bien porque no nos hemos divorciado. Pero si no tenemos amor ni conexión, ya hemos fracasado.

Esto pone el listón tan alto que pensamos: "Necesito a Dios". Sí, lo necesitamos. Los fariseos pensaban que lo tenían todo sin Dios, pero Jesús le da la vuelta para que la gente se dé cuenta: "Oh, necesitamos a Dios". ¡Exactamente! No puedes hacer esto con tus propias fuerzas, ni con fuerza, ni con poder. Aquí es donde realmente necesitas a Dios. Primero debes saber quién eres, que eres amado y elegido, no por tus buenas obras, sino por las de Él. Creo que estas tres cosas: amor, humildad y honor, son un cordón de tres hilos. Producirán conexión. La meta es la unidad con Dios y con tu prójimo, en tu matrimonio, con tus hijos y en todas tus relaciones. Esa es la meta. Pero vas a necesitar estos tres rasgos éticos o de carácter que conforman la cultura del Reino para lograrlo: amor, humildad y honor, en ese orden.

Primero, debo estar conectado con el Amor mismo, la fuente del amor. Jesús dice: «Permanezcan en mí, porque separados de mí no pueden hacer nada bueno». No pueden hacer ninguna buena obra si no permanecen en Él. Escuchen, he seguido al Señor por más de dos décadas, y les digo que he devorado la Biblia. No tengo suficiente. Oro, paso tiempo con Dios y hago todo esto. Pero si me alejara de mi relación con el Señor por un tiempo, o si Él me quitara su gracia por un momento, estaría a horas o días de ser el peor pecador que conozco.

Así es como lo sé: si veo una dona, mis ojos y mi piel empiezan a atraer toda mi atención y afecto hacia ella. Si por mí mismo no tengo el poder ni la fuerza para superar las donas, entonces, sin Su gracia, me pasaría lo mismo con un millón de otras cosas. ¿Cuántos conocen a gente así? Consiguen una cosa, pero no les basta, así que necesitan algo más.

Esto es lo que le dije a un amigo. Le dije: "Tío, sé que vas tras esta casa y esta y aquella, pero la casa no te va a alcanzar". Todavía no lo creía. Le dije: "Dentro de un año, dirás: 'Esta casa no es lo suficientemente grande'. Luego tendrás un hijo en camino. Después del segundo, dirás: 'Necesito algo más grande'. Y entonces te la consigues. Entonces tendrás el espacio, pero pensarás: 'Estas encimeras, tío. Necesito granito'. Nunca te va a alcanzar. Y esa camioneta que tienes con llantas grandes, es elevada, echa humo al acelerar, con turbo y todo... Simplemente no te va a alcanzar. Un día, la mirarás y pensarás: 'No echa suficiente humo, no va lo suficientemente rápido. Simplemente no te alcanza'".

Así es como estamos separados de Dios. En Génesis 11, los hombres construían ciudades y pensaron: «Construyamos una torre por amor a nosotros y a nuestro nombre». Así es la humanidad. ¿Por qué hacemos todo esto? De alguna manera, nos satisface algo: la opinión que la gente tiene de nosotros. Cuando la gente se va de vacaciones, publica una foto. Alguien debería estar celoso de lo maravillosa que es nuestra vida. Ahora bien, no digo que esté mal publicar una foto, pero ¿cuál es el motivo? Tenemos que llegar al meollo del asunto.

Esta corrupción en el corazón del hombre dice: «Necesito tu aprobación. Necesito tu alabanza. Me hace sentir algo». Pero cuando estamos satisfechos con Dios, no pensaremos así. Alguien recibirá algo mejor que tú, y celebrarás con él. Alabarás a Dios por ello porque tu corazón ya está cautivado y satisfecho en Él.

Primero debemos acercarnos a la fuente de su amor y permanecer allí. Si nos apartamos de ella, empezaremos a percibir pensamientos como: «Hice todo esto por ti y no me hiciste nada a cambio. No me diste las gracias. No...». Empezarás a centrarte en lo que la gente no hizo, o en lo que crees que Dios no hizo, y te centrarás en lo que crees que hiciste y en cómo deberías ser tratado por ello.

¿Por qué? Porque tu tanque de amor se está vaciando y no te mantienes conectado a la fuente de su amor. Culpamos a Dios: "Yo derramé, y tú no me devolviste". Pero eso es lo que hace un corazón corrompido: "Voy a llevar un registro de lo que me debes". Pero si nos mantenemos conectados a la fuente del amor, el amor no guarda registro de las ofensas. ¿Por qué? Porque está demasiado centrado en quién es Dios y en lo que ha hecho. Estás abrumado por su bondad y ni siquiera te das cuenta.

Si no estoy satisfecho, buscaré a alguien que debería ayudarme a satisfacerme, así que ahora es mi villano. Tenemos que estar satisfechos con Dios y encontrar satisfacción en Él. Si nos satisfacemos viendo cosas en línea, comprando cosas, yendo de compras, o lo que sea, es porque no estamos satisfechos donde deberíamos estarlo. Y todo eso se oxidará y desaparecerá. Eso dicen las Escrituras: Pon tu tesoro en Dios, donde no hay óxido ni nada que destruir.

Lo segundo es la humildad. Así es como puedes ser humilde: Lo opuesto a la humildad es el orgullo. ¿Cuánto odia Dios el orgullo? Muchísimo. Dios se opone a los orgullosos, pero da gracia a los humildes. Así que necesitamos gracia; así es como logramos todo esto. ¿Sabías que comprender cuánto eres amado y hasta qué punto Dios llegó para mostrarte su amor, en realidad te hará humilde? Darte cuenta de cuánto te perdonó Dios y de lo gran pecador que fuiste, te hará sentir algo especial. Jesús dice: «A quien mucho se le perdona, mucho ama».

La única razón por la que nos cuesta perdonar a alguien es porque creemos merecerlo. Pero si nunca olvidamos que fue solo por su gracia, solo por su misericordia —que merecíamos el infierno, pero él fue misericordioso—, esto producirá misericordia, amor y humildad en nuestros corazones. Si alguien hace algo malo, recordaremos: «Sí, yo también lo he hecho». Si alguien actúa fuera de su identidad creada y le duele, ni siquiera pensarás en no perdonar porque recordarás: «Yo también he pasado por eso».

Nunca olvides la misericordia que Dios te mostró y que la única razón por la que estás bien con Dios, la única razón por la que tienes algo bueno en tu vida, es por su misericordia y gracia. Eso te hará humilde.

Por eso no podemos ganarnos la salvación, estar bien con Dios ni la vida eterna. Si pudiéramos, estaríamos orgullosos. Y el orgullo no es la naturaleza ni el carácter de Dios, sino lo contrario. Si creemos que podemos tener todo esto porque somos buenos, lo hemos perdido. No, yo era un desgraciado, y Él era bueno. Me dio misericordia. Así que, humíllate. Ten una visión correcta de ti mismo.

C. S. Lewis dijo: «La humildad no es menospreciarte; es pensar menos en ti mismo». Así que no pienses: «Solo soy un miserable pecador». No, no, no. *Lo era, pero ya no.* Ya no soy así. Lo era, pero ya no lo soy, y es solo por su gracia. Así es como debemos verlo. Si nunca olvidas cuánto pagó Él para perdonarte, recordarás que otros también necesitan perdón. Está en tu corazón darlo porque has recibido tanto.

Me cuesta identificarme con la gente que dice: "Simplemente no puedo perdonarlos". Pienso: "Lo que te haya pasado a ti, probablemente me haya pasado a mí también". Necesitamos ver a través de la lente de Cristo. ¿Sabes cuando la gente habla de ver el mundo a través de lentes color de rosa? Yo llamo a mis lentes las gafas carmesí. Una vez que te pones las gafas carmesí, que representan la sangre de Jesús, ves a las personas a través de la sangre de Jesús. Jesús no te ve a través de tu pecado; te ve a través de la sangre. El Padre no te ve a través de tu pecado; te ve a través de la sangre. No puedo permitirme tener un pensamiento en mi mente sobre ti que Dios no tenga. La única manera de hacerlo es ver a las personas a través de la sangre de Jesús.

Esto nos lleva a la tercera parte, el honor: Cuando observamos a las personas, debemos empezar a valorarlas, porque el honor tiene que ver con el valor. Pero lo que sucede es que no queremos valorar a ciertas personas por sus acciones. Pero las personas ya no son valoradas por sus acciones, sino por la sangre de Jesús. Esto lo cambiará todo.

Digamos que alguien me hace algo. Pero no lo veo por sus acciones. ¿Por qué? ¿A imagen de quién fue creado y con qué sangre fue comprado? Dios cree que vale su propia sangre, su propia vida. El precio más alto jamás pagado en esta tierra fue la sangre de Jesús, y él la derramó para comprarlos. Así que eso es lo que valen. Sus acciones no definen su valor; la sangre de Jesús sí. Puedo entender que no estén viviendo a la altura de su valor, y el amor siempre eleva a las personas a su valor.

Así que no los voy a evitar; me acercaré a ellos con compasión para ayudarlos a vivir de acuerdo con su valor. No me frustraré ni pensaré: «¡Ay, esa persona!». No, simplemente están viviendo por debajo de lo que Dios quiere para ellos, y necesitan ayuda.

Este es el cordón de tres hilos del amor, la humildad y el honor que Jesús enseñó y modeló. Permítanme compartir algo poderoso sobre el honor. Entendemos el principio de sembrar y cosechar: Dios dice: «Todo lo que sembréis, también segaréis» (Gálatas 6:7). Nadie siembra sin la intención de cosechar. Eso es necedad; es mala administración. Se siembra con el propósito de cosechar lo que se siembra. Pero hay algo más grande que esto y se llama herencia, donde se cosecha lo que no sembraste. Y a la herencia se accede a través del honor.

Lo que siembras es honor, y lo que cosechas es lo que está en su vida. En las Escrituras, la única manera de recibir una herencia es a través del honor. El Señor dice:

Honra a tu padre y a tu madre, para que tus días se alarguen en la tierra que el Señor tu Dios te da. Éxodo 20:12

Honra al Padre y al Hijo, y recibirás la vida eterna. Es una herencia. Somos coherederos con Cristo. El camino al Reino es a través de la honra. Si ves a Jesús tal como es, lo honras y recibes una herencia. Como dijo Jesús:

«El que recibe a un profeta por ser profeta, recompensa de profeta recibirá; y el que recibe a un justo por ser justo, recompensa de justo recibirá». Mateo 10:41

Jesús viene como profeta, la Palabra de Dios. Honramos eso y recibimos una herencia. ¿Sabes qué significa ser coheredero? Su herencia es tu herencia, pero no la recibiste por tus obras, sino por las suyas. Heredaste lo que él se ganó, que es la vida eterna. Así que la única manera de entrar al Reino fue mediante el honor. Reconociste el valor de Jesús, quién era realmente —el Hijo de Dios— y creíste. Lo honraste como tal y cosechaste su obra. Heredaste la vida eterna.

Déjame decirte algo: Tienes todo de algo, pero no todo de todo. Y por eso necesitas honra. Tienes todo el amor del Padre, pero hay otras cosas que necesitas en esta vida. Él no te lo da todo. Te da todo su amor. Nos da algunas cosas a todos. En Efesios 4, dice: una fe, un bautismo, un Señor, un Espíritu, etc. Luego dice: según la gracia que te dio. Así que no todos son iguales. Dice: «Todos sois uno», pero no todos son iguales, porque dio diferentes gracias: apóstoles, profetas, evangelistas, pastores y maestros.

Así que tienes todo de algo (amor), pero no todo. La única manera de obtenerlo es a través del honor, y la única manera de honrarte es si te consideras bien a ti mismo y a los demás con la misma rectitud. Eso se logra con la humildad. La única manera de vivir plenamente esto es conocerte y humillarte, porque cometerás errores. A veces te desviarás del camino del Espíritu, porque estás aprendiendo a vivir según el Espíritu. Eres hijo de Dios, y los hijos deben crecer y madurar. Estás aprendiendo, y es un proceso. Dios te da la gracia para volver a intentarlo.

Pero si te escondes, no te humillarás, porque tienes miedo del qué dirán. Así que escondes tus errores y acciones en lugar de exponerlos, como dice la Escritura. Eres hijo de Dios; ya no tienes que esconderte. La única manera de exponerlos es a través de la humildad. Esto es lo que decimos en nuestra Escuela de Ministerio: La humildad es lo primero para caminar hacia la libertad. Humíllate. Número dos, honestidad. Expone las obras de las tinieblas en tu propia vida. Expónlas. Él dice que somos hijos de la luz, así que anden en la luz. Aquellos que dicen que nunca han pecado son mentirosos, dice la Escritura.

La manera de cumplir el primer y segundo mandamiento es a través del amor, pero necesitarás estas otras dos cosas: humildad y honor. Nunca olvides el precio que se pagó, ni cuáles fueron tus transgresiones, iniquidades y pecados, ni cómo Dios te trató en medio de ellos. Trata a los demás de la misma manera; debemos ser como nuestro Padre.

Déjame decirte cómo es tu Padre Celestial: Las Escrituras dicen que Él era el esposo e Israel la novia. Él tenía un profeta (Oseas) que se puso en su lugar y dijo: «Cásate con esa mujer, Gomer. Es como Israel». Cuando se casó con ella, ella se fue y se acostó con otras personas. Dios le dijo al profeta: «Ve y tráela de vuelta, aunque te haya dejado». Esto sucede de nuevo. Al final, cuando ya no vale nada —ya nadie quiere comprarla como prostituta; la quieren como sirvienta, tal vez para barrer y limpiar— su valor como prostituta se ha esfumado. Se ha agotado. Ahora, solo vale como sirvienta, y Dios dice: «Ve por ella».

Así es tu Padre cuando te sientes como Gomer, cuando sientes que te has ido, o tal vez cuando sientes que estás casado con Gomer, alguien que ha hecho pornografía o algo peor. Se supone que debemos ser como nuestro Padre. ¿Qué hace y dice tu Padre? "Ve por ella". Piensa en la historia del Buen Samaritano en el contexto de tu enemigo. El que está en la zanja y el que viene a ayudar al que fue tratado mal. Me han tratado mal muchas veces, pero el listón que Dios puso para mí fue: "Tom, una vez fuiste tú el que estaba en la zanja, y te saqué. No sigas de largo, ni siquiera a tu enemigo, el que te trató de esa manera. Sácalos de ahí". Así es Dios. Así es Jesús. Fue tratado como un samaritano, como un perro, por las mismas personas por las que moría, y dice: "Perdónalos, Padre".

¿Y qué hay del Padre? Quizás tengas dificultades con tus hijos. Quizás con tus padres. Observa la historia del hijo pródigo y el abrazo del Padre. Así es Dios, y Jesús dice que así es la ley. Hay una nueva ley.

Sobrellevad los unos las cargas de los otros, y cumplid así la ley de Cristo. Gálatas 6:2

La ley de Cristo es amor. Pero debemos recordar lo que el amor hizo por nosotros. Una vez fuimos Gomer. Una vez fuimos el que estaba en la cuneta. Una vez fuimos el hijo pródigo. Cada vez que estábamos en el lado malo, el Padre estaba del otro lado, haciéndonos bien en todo momento. Él dice: "Ahora haz tú lo mismo". Tal vez necesites dedicar tiempo a arrepentirte y alejarte de tu pecado. Has sido el que estaba en la subasta. Has sido el que estaba en la cuneta. Has sido el que se ha ido, y el Padre te dice: "Te recibo de vuelta". Acepta su mano de misericordia para sacarte de ahí.

Si hay personas en tu vida con las que no quieres hablar, Él te dice: "Extiende tu mano". Dice: Si estás en el altar trayendo una ofrenda y recuerdas que no tienes conexión con alguien y decides aceptarlo, deja tu ofrenda. Ve y reconcíliate , y luego vuelve y trae tu ofrenda. Me he arrepentido ante personas que otros pensarían que deberían arrepentirse ante mí porque tengo un papel que desempeñar en ello. No voy a mirar su parte, sino la mía.

Esto no es fácil. Vamos a necesitar la gracia de Dios. No digas que eres hijo de Dios y no vivas como tal. Él dice:

"Pero si no perdonáis a los hombres sus ofensas, tampoco vuestro Padre os perdonará vuestras ofensas." Mateo 6:15

La unidad llega cuando la otra persona se arrepiente, pero el perdón ya está en tu corazón, listo para ser usado. No digo que si alguien está haciendo algo malo, debas involucrarte en la situación si no se arrepiente. El Padre ya tiene perdón en su corazón hacia sus hijos, pero también está extendiendo la mano. Por lo tanto, necesitamos tener perdón en nuestro corazón y extender la mano. Ellos deben corresponder con arrepentimiento.

Es fácil decirlo, difícil hacerlo, pero Su gracia es suficiente. Tenemos que aprender a establecer límites de acuerdo con el Reino para poder traer la respuesta del Reino, que es la reconciliación. Él quiere que seas un embajador de Su Reino como ministro de reconciliación. Pidamos gracia a Dios. Tú necesitas gracia; yo necesito gracia para ser una persona que perdona setenta veces siete. Para ser alguien que corre hacia la luz, aunque tengamos miedo. ¿Qué va a pasar? ¿Qué dirá la gente? No te preocupes por eso, se trata del Padre . No te preocupes por la gente; hambre y sed de justicia. No te preocupes por cómo responderá la gente a lo que hiciste en la oscuridad. El Padre tiene sus brazos abiertos. Necesitas gracia.

Orad conmigo: *Padre Celestial, te pido que me concedas abundante gracia. Necesito tu gracia. La necesito para perdonar, amar, vivir con humildad, ser una persona de honor y vivir con honor. Teje el cordón de tres hilos del amor, la humildad y el honor en mi vida y mi carácter. Ten misericordia de mí y haz que tu rostro resplandezca sobre mí. Guíame con tu Espíritu y lléname de tu paz. Que nos bendigas y nos guardes, Señor. En el nombre de Jesús, amén.*

Preguntas para discusión

1. ¿Cómo cambia tu comprensión de tu rol y propósito como creyente el cambiar tu enfoque del evangelio de salvación al evangelio del Reino? ¿De qué maneras abrazar el evangelio del Reino te empodera para vivir una vida cristiana más activa y significativa?

2. ¿Qué significa para ti que Jesús nos declare justos primero, y cómo afecta esto tu enfoque para vivir con rectitud? ¿Cómo puede el reconocer el imperativo antes del indicativo ayudarte a confiar más en la gracia de Dios que en tus propios esfuerzos?

3. ¿Qué pasos prácticos puedes dar para demostrar amor, humildad y honor en tus relaciones y fomentar la unidad y la conexión? ¿Hay áreas o relaciones específicas en tu vida donde practicar el perdón o valorar a los demás como Dios lo hace es difícil? ¿Cómo podrían los principios analizados en este capítulo ayudarte a abordar estos desafíos?

6

EL TRONO DEL REINO

Creo firmemente que nuestras vidas serían como las del Nuevo Testamento si entendiéramos que vivimos en un reino y que tenemos un Rey. Hemos tenido un Reino de Tinieblas que reina y gobierna sobre nosotros. La gente dice: «Si Dios es bueno, ¿por qué ocurren cosas malas y la gente muere?». Lo que digo es que el reino de las tinieblas es tanto el cómo como el porqué. La oscuridad es real, y es un reino real.

Dios creó una buena tierra y dijo que era buena. Creó al hombre a su imagen y disfrutó de la comunión con él. Vio que el hombre estaba solo y dijo que eso no era bueno. Por lo tanto, le dio una hermosa esposa y caminaron juntos desnudos por la tierra. Sin vergüenza. Simplemente disfrutando. No sé ustedes, pero eso suena a una buena tierra. Yo estaría pensando: "¡Esto es increíble!".

Entonces llegó Satanás, ese pequeño mentiroso. Empezó a mentir y a hacer que Adán y Eva vieran las cosas a su manera, contraria a la de Dios. Empezó a sembrar la duda: tal vez Dios no era tan bueno como parecía. Tal vez les ocultaba algo. Tal vez había más bondad que Dios realmente no les estaba dando.

Satanás les sugirió que si seguían su camino, encontrarían el bien que Dios les ocultaba.

Señaló un árbol que Dios les había prohibido tocar —el árbol del conocimiento del bien y del mal— y dijo: «Dios sabe que serán como él si comen de él». Ya eran como él; Dios los hizo a su imagen. Pero escucharon esa voz, y nos metemos en problemas cuando escuchamos la voz equivocada. Prestaron oídos a la voz equivocada y empezaron a percibir que lo que decía Satanás era cierto porque no escuchaban la voz de la verdad.

Ten cuidado a quién escuchas, ten cuidado. Porque incluso quienes caminaron con Dios —Adán y Eva, quienes físicamente caminaron con Dios en la tierra— pudieron oírlo venir, pero aun así pudieron ser engañados y desviarse del camino. Ten cuidado con a quién y a qué escuchas. Hay levadura en ello.

Tomaron del árbol, y esto causó algo : la muerte entró en el mundo. La Biblia dice que la consecuencia del pecado es la muerte. La muerte entró en el mundo, y esta maldición de muerte ha caído sobre toda la humanidad. La causa de toda la maldad, el dolor, el sufrimiento y el trauma en nuestras vidas es el reino de Satanás y la oscuridad. Pero Dios comenzó a susurrar sobre un Rey que vendría y pondría fin a ese reino. La creación ha estado esperando un Rey, y el nombre de ese Rey es Dios: Yahvé.

Dios volvería a ser nuestro Rey: Rey sobre aquellos que creó a su imagen y semejanza. Aquellos a quienes ama y a quienes llamó buenos. Dijo: «Voy a hacer que todo vuelva a ser bueno. Voy a acabar con el terror de la oscuridad y voy a traer mi bondad de nuevo a la tierra».

Israel se convierte en el pueblo a través del cual Dios trae esta promesa. Le dice a Abraham: «Te bendeciré para que todas las naciones sean bendecidas por medio de ti». Va a los israelitas en

Egipto y los atrae hacia allá. Les da su propia tierra, diciendo: «Esto va a ser muy bueno. Los traeré de vuelta a un jardín que mana leche y miel». Pero, al entrar en la tierra, lo repiten. Se alejan de Dios, siguiendo el camino de la serpiente —Satanás— y comienzan a oprimir, abusar y a hacer las cosas a su manera. Dios aún no era realmente Rey para ellos.

Dijeron: «Danos un rey que nos gobierne». Dios pensó: «Creí que yo era tu rey». Samuel se sintió rechazado, pero Dios le dijo: «No te rechazan a ti, Samuel. Me rechazan a mí una vez más». Así que Dios los entregó a su deseo, permitiéndoles que hicieran lo que quisieran.

El hombre aún no había comprendido que no era bueno reinando. Dios dice: «Los entregaré a su propio reino». El resultado fue pecado, muerte y maldad, lo que los llevó de vuelta a la esclavitud. Babilonia los arrebató, al igual que Egipto, y los encadenó. Así es como se ve el reino de la humanidad cuando un hombre está al mando —pecado, muerte y maldad— debido a corazones corruptos.

Pero Dios continuó susurrando sobre el que vendría, el Rey ungido, que tomaría la tierra y reinaría sobre ella. Su reinado sería un reinado de justicia, amor, misericordia y bondad. Entonces aparece Jesús. Leemos la genealogía de las personas que dieron a luz a esta persona que ahora es un bebé en un pesebre. ¿Cómo puede un Rey nacer en un pesebre? ¿Qué clase de Rey es este? Es humilde, un Rey manso. No vendrá como los reyes humanos que se exaltan a sí mismos sobre la gente. No, él se exaltará a sí mismo sobre la muerte para poder exaltarnos de nuevo a nuestro legítimo lugar con él.

Este es el Rey que vino a la tierra para salvar a su pueblo de sus pecados, de la muerte y de la corrupción. La Biblia dice en Romanos capítulo 3 que todos pecaron y no alcanzaron el glorioso estándar de Dios. ¿Sería posible que Dios nos mirara y nos llevara al nivel de intimidad que Él deseaba? ¿Cómo?

En este capítulo quiero hablarles sobre la cruz: sobre lo que Jesús hizo por ustedes, el precio de la comunión con Cristo. ¿Qué sucedió realmente en la cruz?

Acerquémonos, pues, confiadamente al trono de la gracia, para alcanzar misericordia y hallar gracia para el oportuno socorro.
Hebreos 4:16

Este es el deseo que todos tenemos en el corazón. Queremos acercarnos al trono de Dios. Es un trono de gracia, es decir, el trono de nuestro Dios. Él dijo: «Acerquémonos, pues, confiadamente al trono de la gracia». Esto se relaciona con la pregunta: «Si Dios no puede ver el pecado, ¿cómo podría yo acercarme al trono de la gracia y pedir misericordia?».

"Al que no conoció pecado, por nosotros lo hizo pecado, para que nosotros fuéramos hechos justicia de Dios en él." 2 Corintios 5:21

Leí Levítico 16 y todo empieza a tener sentido. Había un sacerdote que tomaba un cordero y cargaba sobre él el pecado de Israel. Imponían sus manos e imputaban la iniquidad, la transgresión y el pecado de la nación sobre este animal, y luego lo mataban. El sacerdote mojaba su mano en la sangre y la rociaba siete veces sobre el propiciatorio, sobre la parte superior del arca del pacto, que era el trono de Dios. La rociaba siete veces para expiar el pecado del animal.

Porque el pecado lleva a la muerte, alguien tiene que morir. Pusieron el pecado sobre este cordero y le quitaron la vida, y la pureza del cordero les fue impartida. Hay un intercambio: el pecado se coloca sobre este para que la justicia pueda ser colocada sobre aquel. El pecado fue colocado sobre Jesús. A quien no conoció pecado, se le impuso el pecado para que pudiéramos ser la justicia de Dios. ¡Dios mío! ¡Jesús es Rey! ¿Qué clase de Rey? Un Rey siervo, uno que moriría por su pueblo.

Eres digno de tomar el libro y de abrir sus sellos, porque tú fuiste inmolado, y con tu sangre nos has redimido para Dios, de todo linaje, lengua, pueblo y nación; y nos has hecho reyes y sacerdotes para nuestro Dios, y reinaremos sobre la tierra. Apocalipsis 5:9-10

¿Ves lo que pasó? Una vez reinamos con Dios. Le dimos nuestro reino a Satanás, y Satanás reinó. ¿Quieres saber cómo es el reino de Satanás? Lo más oscuro y terrible que ves en la tierra, lo que desearías que desapareciera. Así es su reino. Todo lo bueno desciende del cielo, de Dios, y todo lo oscuro y malvado proviene de Satanás.

Hay una maldad inimaginable en esta tierra. Por ejemplo, en la Alemania nazi, tomaban bebés y los tiraban por las ventanas de edificios de dos o tres pisos. Los tiraban por las ventanas, y la gente veía morir a sus hijos en el suelo. Esa es la maldad de Satanás poseyendo a la gente. Es inimaginable la maldad de Satanás. Así es su reino: tan oscuro y terrible que no puedes imaginarlo. Es tan terrible que no querría estar aquí si el reino de las tinieblas no hubiera terminado.

Ese era el reino que me poseería para siempre, hasta la llegada de Jesús. Hasta la venida de Jesús, este sería el reino de la tierra. A menos que Dios viniera a recuperar la tierra, tendría que morir para hacerlo. Alguien tenía que pagar por el pecado. Los sacrificios de animales no agradaban a Dios. Que cada año tuviera que haber un sacrificio —sacrificio tras sacrificio, muerte tras muerte— no era lo que él quería. Él quería la vida. ¿Por qué? Porque Dios no quiere la muerte una y otra vez; él quiere la vida.

Nuestro gran Dios y Salvador Jesucristo, quien se dio a sí mismo por nosotros para redimirnos de toda iniquidad y purificar para sí un pueblo propio, celoso de buenas obras. Tito 2:13-14

Él nos redimió, no para ser celosos del reino de las tinieblas, sino para ser celosos del bien. Nos redimió de toda iniquidad y nos purificó como pueblo para sí mismo, un pueblo que ama el bien.

"Díganlo los redimidos de Jehová, los que él ha redimido de mano del enemigo." Salmo 107:2

Debemos declararlo: Una vez estuve en manos del enemigo, pero alguien le tocó la mano y le dijo: "¡Hoy no, Satanás!". Y entonces ese mismo alguien recibió un golpe en sus propias manos para liberarnos de la mano del enemigo. Él me liberó de la mano del enemigo. ¡Soy el redimido del Señor! ¡Somos los redimidos del Señor!

Así dice el Señor, tu Creador, oh Jacob, y el que te formó, oh Israel: No temas, porque yo te redimí; te puse nombre; mío eres tú. Isaías 43:1

Satanás, no puedes con esto. «Eres mío», dice el Señor. Él te ha redimido.

"Yo os libraré de la mano de los impíos, y os redimiré de la mano de los fuertes." Jeremías 15:21

Los rescataré del poder del sepulcro; los redimiré de la muerte. ¡Oh Muerte, yo seré tu plaga! ¡Oh Sepulcro, yo seré tu destrucción! La piedad está oculta a mis ojos. Oseas 13:14

Él dice: «Te redimiré de la muerte, y la muerte será tu perdición». ¡Oh, qué Rey! La muerte nos gobernó hasta que llegó un nuevo Rey. La muerte intentó gobernarlo, pero no fue lo suficientemente poderosa. ¡Oh, qué Rey!

¿No sabéis que si os sometéis a alguien como esclavos para obedecerle, sois esclavos de aquel a quien obedecéis, sea del pecado para muerte, o sea de la obediencia para justicia? Romanos 6:16

A quien elijas servir será tu amo. ¿Sabes que Dios le dijo a Moisés que fuera y le dijera al faraón: «Deja ir a mi pueblo para que me sirva»? Deja ir a mi pueblo para que me sirva. Ahora tienes una decisión. ¿A qué reino quieres servir: al pecado que lleva a la muerte o a la justicia que lleva a la vida?

Ahora podemos elegir. Hay dos reinos, y debemos tomar una decisión. Puedes ser redimido del pecado y elegir servir a la justicia, o puedes continuar en el pecado y engañarte a ti mismo, creyendo que formas parte de un reino justo mientras tu vida no muestra fruto ni evidencia de ese reino. O puedes arrepentirte de tu pecado. Ese es el camino del Reino: una vida de arrepentimiento. Es decir: «No, la muerte no es mía ni el pecado es mío. La santidad y la justicia son mías. Sirvo a un Rey santo».

Por eso, al entrar en el mundo, dijo: «Sacrificio y ofrenda no quisiste, pero me preparaste un cuerpo. Holocaustos y expiaciones por el pecado no te agradaron». Entonces dije: «He aquí que vengo (en el rollo del libro está escrito de mí) para hacer, oh Dios, tu voluntad». Hebreos 10:5-7

Les habla Jesús. El sacrificio de toros y machos cabríos no agradó a Dios, pero él le dio algo que sí le agradaría: su propio cuerpo, Jesucristo mismo, convertido en sacrificio.

Diciendo antes: «Sacrificio y ofrenda, holocaustos y expiaciones por el pecado no quisiste ni te agradaron» (los cuales se ofrecen según la Ley), luego dijo: «He aquí, vengo, oh Dios, para hacer tu voluntad». Quita lo primero para establecer lo segundo. En esa voluntad fuimos santificados mediante la ofrenda del cuerpo de Jesucristo hecha una vez para siempre. Hebreos 10:8-9

Cuando dice "hacer tu voluntad" está hablando de la voluntad de ofrecer su cuerpo.

Y todo sacerdote permanece ministrando diariamente y ofreciendo repetidamente los mismos sacrificios, que nunca pueden quitar los pecados. Pero este Hombre, después de haber ofrecido un solo sacrificio por los pecados para siempre, se sentó a la diestra de Dios, esperando desde entonces hasta que sus enemigos sean puestos por estrado de sus pies. Porque con una sola ofrenda ha perfeccionado para siempre a los que están siendo santificados. Pero el Espíritu Santo también nos da testimonio; pues después de haber dicho antes: «Este es el pacto que haré con ellos después de aquellos días —dice el Señor—: Pondré mis leyes en sus corazones y en sus mentes las escribiré», luego añade: «No me acordaré más de sus pecados ni de sus iniquidades». Ahora bien, donde hay remisión de estos pecados, ya no hay ofrenda por el pecado. Por tanto, hermanos, teniendo libertad para entrar en el Lugar Santísimo por la sangre de Jesús, por un camino nuevo y vivo que él nos consagró, a través del velo, es decir, su carne, y teniendo un Sumo Sacerdote sobre la casa de Dios, acerquémonos con corazón sincero, en plena certidumbre de fe, purificados los corazones de mala conciencia y lavados los cuerpos con agua pura. Mantengamos firme la confesión de nuestra esperanza sin vacilar, porque fiel es el que prometió. Hebreos 10:11-23

Esto es lo que está sucediendo: Jesús abrió un camino para que su sangre lavara nuestros pecados. El cuerpo de Jesús es el templo, es el templo. Jesús dijo: «Destruyan este templo, y en tres días lo levantaré» (Juan 2:19). Él dice que podemos atravesar el velo, que es su carne, lavada por su sangre, y entrar en el Lugar Santísimo.

Si Dios es santo, no podemos entrar en ese lugar. Nuestras manos están impuras, pero las suyas fueron traspasadas, y su sangre salió para que las nuestras sean purificadas. ¿Sabes que Jesús derramó su sangre en siete lugares, siete veces? ¿Cuántas veces tiene que tomar la sangre el sacerdote y rociarla? Siete veces. Jesús derramó su sangre siete veces como expiación, por toda Jerusalén.

Su cuerpo es el templo, Él es el sacerdote y Él es el cordero. Su carne es el velo. Su cuerpo se rasgó para que el velo se rasgara, permitiéndonos entrar. Su sangre se derramó para expiar tus pecados, para que pudieras entrar con Él. Él es el sacerdote que ofrece el sacrificio, Él es el cordero que es el sacrificio, Él es el velo que se rasga y Él es el propiciatorio sobre el que se derrama la sangre.

Él cumplió lo que debía cumplirse en Sí mismo para que pudieras ser su premio. ¿Qué clase de Rey es este? Un Rey cuyo trono es una cruz y cuya corona es de espinas. ¿Por qué? Porque la maldición sobre el hombre era que trabajaría y se esforzaría con el sudor de su frente, y Jesús sudó sangre para expiar y romper esa maldición. La tierra produciría espinas, y él las tomaría como corona para romper esa maldición también sobre nosotros.

¡Qué Rey es este! Un Rey que tomaría una corona de espinas para darnos una corona. ¿Sabes que te va a dar una corona? ¿Qué clase de Rey es este? Este es un Rey diferente a los gobernantes de este mundo que se enseñorean de los hombres. No, se hizo siervo. Nos está modelando cómo es este reino: un reino de servicio. Nos liberó de la esclavitud de Egipto para que pudiéramos servirle. Nos liberó del terror de la oscuridad, de la mano de los malvados y de la muerte misma para que podamos servir y reinar sobre esta tierra con bondad, no con maldad, no con maldad.

Él murió. Cargó con el mal para darnos vida, gozo y paz en el

Espíritu Santo. Este es nuestro Dios: aquel que hizo de su trono una cruz, de su corona una corona de espinas y cargó con nuestra burla. Es por la sangre de Jesús que somos santificados, y es por su carne que somos sanados. Por su carne, podemos entrar al velo, al lugar santo, y dejar que su sangre nos limpie.

Preguntas para discusión

1. ¿Cómo influye el reconocer a Jesús como Rey y Redentor en tu comprensión de su sacrificio en la cruz? ¿De qué maneras impacta esta comprensión tu relación personal con Él y tu vida diaria?

2. ¿En qué áreas de tu vida o del mundo ves la influencia del Reino de las Tinieblas? ¿Cómo puede abrazar la victoria de Jesús sobre las tinieblas empoderarte para abordar estas áreas?

3. El capítulo menciona la elección entre servir al pecado que lleva a la muerte o la obediencia que lleva a la justicia. ¿Qué pasos prácticos puedes dar para elegir consistentemente servir al Reino de Dios? ¿Cómo puedes encarnar el celo por las buenas obras en tu comunidad y ámbitos de influencia?

7

LA VIDA DEL REINO

El primer día de la semana, muy de mañana, ellas, acompañadas de otras mujeres, fueron al sepulcro trayendo las especias aromáticas que habían preparado. Pero hallaron removida la piedra del sepulcro. Entraron, pero no hallaron el cuerpo del Señor Jesús. Y aconteció que, estando muy perplejas por esto, he aquí, dos hombres se pararon junto a ellas con vestiduras resplandecientes. Entonces, temerosas, postradas rostro en tierra, les dijeron: «¿Por qué buscan entre los muertos al que vive? ¡No está aquí, sino que ha resucitado! Recuerden cómo les habló cuando aún estaba en Galilea, diciendo: «Es necesario que el Hijo del Hombre sea entregado en manos de hombres pecadores, sea crucificado y resucite al tercer día». Lucas 24:1-7

Buscaban a los muertos. La pregunta era: ¿por qué buscan entre los muertos a los vivos? Pero buscaban entre los muertos a los muertos; no lo entendían. No entendían quién era Jesús, y creo que algunos de nosotros no entendíamos quién es realmente Jesús. Mucha gente puede decir: «Soy creyente, creo en Jesús», pero quizá no entiendan quién es realmente Jesús.

Los discípulos pasaron tres años caminando con Jesús,

comiendo con él, viéndolo hacer cosas impensables, y aun así están en una tumba buscando al que vive entre los muertos. Se lo perdieron. No quiero perdérmelo, y no quiero que se lo pierdan. Quiero que veamos quién es realmente Jesús hoy.

En el principio, Dios creó un mundo bueno. Dijo que era bueno, y no miente; no sabe mentir. Él es la verdad y la verdad. Dijo que era bueno, y en ese mundo bueno, después de crear la tierra, los mares, los cielos, las aves que vuelan y las criaturas que se arrastran, creó una creación diferente, algo que le brindaría placer de una manera distinta al resto de la creación. Del polvo de la tierra, creó al hombre. Lo formó a su semejanza y sopló en su nariz aliento de vida. Dios tuvo comunión con el hombre. Pero el hombre se separó de Dios. En rebelión, pecó. La Biblia dice que la paga del pecado es muerte, y todos los hombres pecaron, por lo tanto, todos mueren. Dios decidió trazar su propio plan para redimir a la humanidad, para que recuperemos nuestra relación con Él. Dijo que una semilla vendría a aplastar la cabeza de quien los engañó para que se rebelaran en pecado y, finalmente, causar la muerte. Surge la esperanza para la humanidad de que alguien vendría a liberarlos de su enemigo. Dios hizo un pacto con Abraham, diciendo: «Abraham, yo te bendeciré, y todas las naciones serán bendecidas por medio de ti».

Luego viene David. David es ungido rey sobre los descendientes de Abraham. Es del linaje de Judá. Dios le dice a David: «Cuando descanses con tus antepasados, haré surgir al único, y él se sentará en tu trono para siempre. Su reino no tendrá fin. Lo llamaré «Mi Hijo». La esperanza comienza a crecer en Israel por un libertador, un Salvador, un Rey que se sentaría en el trono de David. Al abrir el Nuevo Testamento, ¿será que ha llegado el Rey, el Salvador, el Ungido que gobernará para siempre y nos librará de nuestro enemigo?»

Jesús comenzó a decir: «Antes de Abraham, yo soy». ¿Podría

ser que Dios hubiera venido en este hombre para librarnos de nuestro enemigo y reinar en un reino para siempre? Anunció: «El Reino de Dios se ha acercado». Sanó a los enfermos y liberó a los cautivos, tal como había dicho 600 años antes por medio del profeta Isaías. Atrajo a multitudes cuyas esperanzas crecieron sin cesar. El Salvador está aquí. Lo conocemos. Su nombre es Jesús, y lo siguieron.

Jesús dijo: "¿Quién dicen que soy?". La respuesta de Pedro fue: "Oh, algunos dicen esto, pero nosotros sabemos que eres el Hijo de Dios, el Salvador del mundo. Lo sabemos". Él dijo: "El Padre te lo ha mostrado. Nadie te lo ha revelado. Dios te lo ha mostrado".

Entonces, en una noche confusa, Jesús es traicionado por sus propios seguidores. Lo clavan en la cruz de un criminal, acusado de cosas que nunca hizo. Pero en el veredicto, Pilato dijo: «Es inocente: lo voy a dejar ir». Pero los israelitas —el mismo pueblo por el que vino, los descendientes de Abraham— dijeron: «¡No, crucifíquenlo! Mátenlo. No lo queremos. Que su sangre sea sobre nuestras manos». Y lo azotaron, lo clavaron en una cruz y lo crucificaron.

Sobre la cruz, decía: «El Rey de los judíos». Este Rey no se convirtió en Rey como los reyes del mundo —con poder y fuerza—, sino con sacrificio. En lugar de un trono de oro, tenía uno de madera. En lugar de luchar contra su enemigo con hierro, lo luchó con madera: una cruz. Fue entronizado en la cruz. Cuando exhaló su último suspiro y dijo: «Consumado es», todos sus discípulos estaban confundidos, diciéndose: «¿Pensé que este era el Rey? ¿Pensé que este era nuestro Salvador? ¿Pensé que reinaría para siempre?». Y todas sus esperanzas se desvanecieron.

Así que, cuando estas mujeres llegaron a la tumba, no venían esperando una resurrección. No, venían a despedirse de su amigo, de sus esperanzas. Venían a honrar, por última vez, quizá a un profeta. Porque estaban confundidas. No entendían. No lo entendían. No entendían quién era Él. "¿Por qué buscan entre los muertos al que vive? No está aquí".

Verán, quiero declarar que Jesús siempre ha estado entre los vivos. Antes de la resurrección, estaba entre los vivos. Antes de Abraham, estaba entre los vivos. Antes de nacer en un pesebre, este mismo Jesús estaba entre los vivos. De hecho, nosotros éramos los que no estábamos entre los vivos. Pero Jesús, el Viviente, vino para traernos a la tierra de los vivos, para estar entre los vivos.

"Entonces el Señor Dios formó al hombre del polvo de la tierra, y sopló en su nariz aliento de vida, y fue el hombre un ser viviente."
Génesis 2:7

Dios, en realidad, nos creó a ti y a mí para ser seres vivos. Cuando nos rebelamos contra Dios y tomamos del Árbol, fue como si nos hubieran quitado el aliento de vida. Caminamos, pero no entre los vivos. Éramos los muertos vivientes. Pero el Viviente planeó traernos de vuelta a la comunión con los vivos. Así, el Viviente vino y nació como hombre. Caminó entre los muertos. Juan capítulo uno dice:

En el principio ya existía el Verbo. El Verbo estaba con Dios, y el Verbo era Dios. Existía en el principio con Dios. Dios creó todo por medio de él, y nada fue creado sin él.
La Palabra dio vida a todo lo creado,
Y su vida trajo luz a todos. La luz brilla en la oscuridad, y la oscuridad jamás podrá extinguirla. Dios envió a un hombre, Juan el Bautista, para anunciar la luz, para que todos creyeran gracias a su testimonio. Juan mismo no era la luz; simplemente era un testigo para anunciar la luz. Aquel que es la luz verdadera, que da luz a todos, venía al mundo.
Vino al mundo que creó, pero el mundo no lo reconoció. Vino a su

pueblo, e incluso ellos lo rechazaron. Pero a todos los que creyeron en él y lo aceptaron, les dio el derecho de ser hijos de Dios. Nacen de nuevo, no con un nacimiento físico fruto de la pasión o el plan humano, sino con un nacimiento que proviene de Dios.
Así, el Verbo se hizo hombre y habitó entre nosotros. Estaba lleno de amor y fidelidad inagotables. Y hemos visto su gloria, la gloria del Hijo unigénito del Padre.
Juan dio testimonio de él cuando gritó a la multitud: «Este es aquel de quien hablaba cuando dije: "Después de mí viene alguien mucho más grande que yo, pues existía mucho antes que yo"». De su abundancia, todos hemos recibido una bendición tras otra. Porque la ley fue dada por medio de Moisés, pero el amor y la fidelidad inagotables de Dios vinieron por medio de Jesucristo. Nadie ha visto jamás a Dios. Pero el Único, que es Dios mismo, está cerca del corazón del Padre. Él nos ha revelado a Dios.» Juan 1:1-18

En el principio, Dios. Él era vida. Él creó todo, y todo lo que tenía vida tenía vida gracias a Él. Rechazamos esta vida, y el resultado fue la muerte. Pero esta vida forjó un plan para devolvernos la vida. Lo perdimos. No lo vimos. Algunos lo vieron y lo rechazaron. Pero los discípulos, ellos vieron, y caminaron con el Viviente, quien caminó con vida entre los muertos. Había Uno que caminó con vida. Hay este testimonio de Juan en 1 Juan capítulo uno:

Lo que era desde el principio, lo que hemos oído, lo que hemos visto con nuestros ojos, lo que hemos contemplado y palparon nuestras manos tocante al Verbo de vida (la vida se manifestó, y la hemos visto, y damos testimonio, y os anunciamos la vida eterna que estaba con el Padre, y se nos manifestó); lo que hemos visto y oído, os anunciamos, para que también vosotros tengáis comunión con nosotros; y nuestra comunión verdaderamente es con el Padre y con su Hijo Jesucristo. Y os escribimos esto para que vuestro gozo sea cumplido. 1 Juan 1:1-4

Él dice: «Damos testimonio de que vimos al Viviente. Caminó entre nosotros. Lo tocamos. Lo palpamos. Él era la vida. Era del Padre, pero nos manifestó la vida. Les damos testimonio para que crean y su gozo sea completo».

Mira, hoy he puesto delante de ti la vida y el bien, la muerte y el mal, porque te mando hoy que ames al Señor tu Dios, que andes en sus caminos y guardes sus mandamientos, sus estatutos y sus decretos, para que vivas y te multipliques, y el Señor tu Dios te bendiga en la tierra que vas a poseer. Deuteronomio 30:15-16

Hoy pongo por testigos contra vosotros a los cielos y a la tierra, que os he puesto delante la vida y la muerte, la bendición y la maldición. Escoge, pues, la vida, para que vivas tú y tu descendencia; que ames al Señor tu Dios, que escuches su voz y te apegues a él, porque él es tu vida y la prolongación de tus días; y que habites en la tierra que el Señor juró a tus padres, Abraham, Isaac y Jacob, que les daría.
Deuteronomio 30:19-20

Él dice: «Hoy les presento la vida y la muerte. Escojan la vida». Estamos descubriendo que la vida tiene un nombre. Su nombre es Jesús. Solo hay Uno que vive. Él dice: «Les presento porque su Dios será vida para ustedes». Jesús dijo en Juan 11:

Yo soy la resurrección y la vida. El que cree en mí, aunque muera, vivirá; y todo aquel que vive y cree en mí, no morirá eternamente.
Juan 11:25-26

"Yo soy el camino, la verdad y la vida. Nadie viene al Padre sino por mí." Juan 14:6

"Y esta es la vida eterna: que te conozcan a ti, el único Dios verdadero, y a Jesucristo, a quien has enviado." Juan 17:3

Ésta es la vida: que conozcáis a Dios, que es la vida.

"Porque de tal manera amó Dios al mundo, que ha dado a su Hijo unigénito, para que todo aquel que en él cree, no se pierda, mas tenga vida eterna." Juan 3:16

Tanto amó Dios al mundo que envió la vida, para que todo el que crea en él reciba vida. No envió a su Hijo al mundo para condenar al mundo, sino para darle vida.

Tú y yo no fuimos hechos para morir. Por eso, cuando alguien fallece, a veces decimos que falleció antes de tiempo. Pero, ¿sabes?, incluso si mueres a los 130, ¿falleces antes de tiempo? Porque nunca estuviste destinado a morir. Por eso la gente dice: "Bueno, si Dios es bueno, ¿por qué tuvimos una pandemia? ¿Cómo es que esto y aquello? Si Dios es bueno, ¿por qué hay tanta muerte?". Lo malinterpretamos. Elegimos la muerte cuando rechazamos la vida. Entonces, ¿por qué hay tanta muerte? Porque muchos han rechazado la vida.

E incluso cuando elegimos la muerte, la Vida se hizo carne y vino a nosotros para que tengamos vida y la tengamos en abundancia. El enemigo viene a robar, matar y destruir, pero yo he venido para que tengan vida y la tengan en abundancia. La vida tiene un nombre, y su nombre es Jesús. Entonces, ¿cómo es que la muerte lo escupió? Porque la muerte nunca puede extinguir la vida. Nunca. Aquel que no tiene principio ni fin se permitió tener un final para que supiéramos que la vida es más poderosa que la muerte. Aquel que no podía tener fin se permitió tener un final para que supiéramos que la vida es más poderosa que la muerte. Elige la vida.

En el principio, Dios formó al hombre del polvo de la tierra y sopló en su nariz aliento de vida. Jesús salió del sepulcro y encontró a sus discípulos en Juan capítulo 20, versículo 22. Sopló sobre ellos y les dijo: «Reciban mi Espíritu». ¡Les está diciendo que reciban la vida de nuevo! Los invita a ellos, a ti y a mí, a caminar entre los vivos con su vida. El mismo Espíritu, el mismo aliento que resucitó a Cristo, ahora les da nueva vida. Pedro, tras encontrarse con el hombre en la puerta llamada la Hermosa, dijo:

"No tengo plata ni oro, pero lo que tengo te doy: en el nombre de Jesucristo de Nazaret, levántate y anda." Hechos 3:6

Y el hombre caminó, porque ser cojo tiene que ver con la muerte; eso no tiene que ver con la vida. Pero Pedro había recibido vida, y la vida brotaba de él, dando vida a otros. Así que el hombre se levantó y caminó, y la multitud comenzó a mirarlos. Dijeron: "¿Por qué nos miran como si hubiéramos hecho esto, como si pudiéramos hacer esto por este hombre? No, Jesús lo hizo". Pedro continuó:

Pero ustedes negaron al Santo y al Justo, y pidieron que se les diera un homicida, y mataron al Autor de la vida, a quien Dios resucitó de entre los muertos, de lo cual nosotros somos testigos. Hechos 3:14-15

En Hechos capítulo 2, Pedro dijo:

Pero Dios lo resucitó, poniendo fin a la agonía de la muerte, ya que era imposible que estuviera bajo su control. Hechos 2:24

La muerte intentó apoderarse de la Vida y se quemó. Tuvo que soltarla. Nuestro Dios es fuego consumidor. La muerte intentó apoderarse de la Vida y no pudo retenerla. Tuvo que soltarla. La Biblia dice que cuando crees, la Vida misma —Jesucristo— viene a vivir dentro de ti. Y que un día, la muerte intentará apoderarse de ti, pero tendrá que soltarte porque la Vida vive en ti, y la muerte no puede vencer a la vida.

Y este es el testimonio: que Dios nos ha dado vida eterna, y esta vida está en su Hijo. El que tiene al Hijo, tiene la vida; el que no tiene al

Hijo de Dios, no tiene la vida. Estas cosas os he escrito a vosotros que creéis en el nombre del Hijo de Dios, para que sepáis que tenéis vida eterna, y para que sigáis creyendo en el nombre del Hijo de Dios. 1 Juan 5:11-13

Las Escrituras nos dicen repetidamente que nos dan testimonio: la vida eterna se encuentra en Jesucristo porque él es la vida. Hoy les presento la vida y la muerte. Les recomiendo que elijan la vida. Algunos llevamos muchos años caminando con Jesús y celebramos —tenemos que celebrar— porque sabíamos lo que era la muerte. La experimentábamos a diario. Entonces, cuando conocimos a Jesús, algo nos sucedió. Lo sé porque me sucedió a mí.

Tenía nueve años y andaba en bicicleta el día antes de Pascua. Vi a unas personas buscando huevos. En mi casa, las búsquedas se hacían con huevos duros. Pero en esta casa había huevos con dulces. Pensé: "¿Qué?". ¡Al parecer, mis padres no lo sabían! Me senté en mi bicicleta y los observé mientras recogían los huevos. Cuando los abrieron, en lugar de una yema, cayeron caramelos Starburst, Snickers y un montón de cosas maravillosas.

Esta familia me miró desde mi bicicleta y me preguntó: "¿Quieres venir?". Tiré la bicicleta al suelo, empecé a empujar a los niños y les quité los huevos. Me invitaron a sentarme y empezaron a hablarme de un hombre llamado Jesús. Y algo en mi alma oía algo, algo que sabía, pero no entendía del todo, algo que sabía que era para mí. Y le dije que sí.

Cuando me preguntaron: "¿Quieres recibir a Jesús como Señor y entregarle tu vida?", respondí: "Sí". Y la vida me invadió. A los nueve años, algo cambió en mi interior. Había pasado de la muerte a la vida.

Pero mi familia no iba a la iglesia. Lentamente, seguí caminando por el camino: algunos días por el camino de la vida, diciendo: "Señor, perdóname", y otros por el camino de la muerte. A los 19, estaba de nuevo completamente en el camino de la muerte. Clamaba a Dios y me invitaron a la iglesia. Fui, incliné la cabeza y dije: "Jesús". Simplemente susurré su nombre. Y Él vino. Se presentó y trajo vida. Y toda la oscuridad que llenaba mi corazón huyó ante la luz.

Entonces, la alegría, el amor y la paz llenaron mi corazón. Nunca he abandonado esta vida. En ese momento, me aferré a la vida y dije: «Esta vez no te escaparás». Pero Él dijo: «No, no, esta vez no te escaparás. Sígueme». Y comencé a seguir a Jesucristo, la Persona de la Vida. He sentido la vida desde entonces. Y cuando muera, no será mi fin, solo una coma en mi historia, porque camino entre los vivos. La muerte no puede retenerme porque la vida vive dentro de mí.

Hoy, esa misma Persona que conocí, Jesucristo, quiere estar en cada vida del mundo. La vida nos llama. Él dio su vida para que la tuviéramos. Él tomó la muerte para darnos vida. Creo que todos deseamos la vida. Elige la vida.

Preguntas para discusión

1. ¿Cómo cambia tu percepción de su papel en tu fe personal ver a Jesús como la encarnación de la vida? ¿De qué maneras puede influir en tu vida diaria reconocer a Jesús como el "Viviente"?

2. Este capítulo presenta la elección entre la vida y la muerte como tema central. ¿De qué maneras prácticas puedes elegir la vida en tus decisiones y acciones? ¿Ha habido momentos en los que, al igual que los discípulos, te ha costado comprender o reconocer la presencia de Jesús en tu vida? ¿Cómo lo superaste?

3. ¿Cómo influye el concepto de la vida eterna en tus prioridades y metas? Ante la invitación a todos a recibir a Jesús, ¿cómo podrías compartir este mensaje de vida con los demás?

8

ÉL HA RESUCITADO

Pero el primer día de la semana, al amanecer, fueron al sepulcro trayendo las especias aromáticas que habían preparado. Y hallaron removida la piedra del sepulcro, pero al entrar, no hallaron el cuerpo del Señor Jesús. Mientras estaban perplejas por esto, he aquí, de repente, dos hombres se presentaron junto a ellas con ropas resplandecientes. Y como las mujeres estaban aterrorizadas e inclinaban el rostro a tierra, los hombres les dijeron: "¿Por qué buscan entre los muertos al que vive? No está aquí, sino que ha resucitado. Recuerden cómo les habló cuando aún estaba en Galilea, diciendo que el Hijo del Hombre debía ser entregado en manos de hombres pecadores, ser crucificado y resucitar al tercer día". Entonces ellas recordaron sus palabras, y regresando del sepulcro, dieron aviso de todo esto a los once y a todos los demás. Lucas 24:1-9

La declaración de los ángeles: «No está aquí, pero ha resucitado», es el fundamento del cristianismo. Si no hay resurrección, no tenemos fe, no tenemos esperanza. Un salvador muerto no es salvador; tiene que haber resurrección. Al recordar la resurrección, debemos comprender su poder. No es solo poder para el futuro; contiene una revelación para nosotros hoy que nos impulsa a vivir de manera diferente en el poder de la resurrección cada día de nuestras vidas. Ruego que recibamos una revelación más profunda de lo que el poder de la resurrección significa para nosotros hoy. En la resurrección, hemos recibido algo que cambia nuestro día a día, no solo para cuando muramos. Cada día debemos vivir en el poder de la resurrección.

Jesús les respondió: «A ustedes se les ha concedido conocer los misterios del reino de los cielos, pero a ellos no.» Mateo 13:11

El "a ellos" se refiere a quienes no lo conocen. Hay misterios ocultos en las Escrituras. Hay misterios en el Reino, y quiero que conozcan los misterios del poder de la resurrección. Hay un misterio en ello.

El misterio que estuvo oculto por siglos y generaciones [de ángeles y hombres], pero que ahora ha sido revelado a su pueblo santo (los santos), a quienes Dios quiso dar a conocer cuán grandes son para los gentiles las riquezas de la gloria de este misterio, que es Cristo en vosotros y entre vosotros, la esperanza de [alcanzar la] gloria. Colosenses 1:26-27

Este misterio de Cristo que vive en ti, el Rey de reyes resucitado que vive dentro de ti, es un misterio. Incluso dentro de ese misterio hay misterios que quiero que conozcas para que puedas vivir en la plenitud de lo que Dios quiso que vivieras.

Bendito el Dios y Padre de nuestro Señor Jesucristo, que según su grande misericordia nos hizo renacer para una esperanza viva, por la resurrección de Jesucristo de entre los muertos. 1 Pedro 1:3

En griego, la palabra "engendrado" significa nacer de nuevo. La frase "esperanza viva" es en realidad "esperanza viva"; la palabra "esperanza" es primera y significa "expectativa". La palabra "viva" en griego es " zoe ", que significa vida abundante. Así que tenemos una expectativa de vida abundante gracias a la misericordia del

Padre. Ahora tenemos una expectativa de vida abundante gracias a la resurrección. Quiero que vivas la vida abundante, que vivas cada día con la expectativa de que la vida abundante es tuya y que debe fluir de ti. Jesús dijo en Juan 10:10: "para que tengáis vida y vida en abundancia". Es la misma palabra para "vivir" en 1 Pedro 1:3; es la vida " zoe ", la vida de Dios. Esta es la buena vida; esta es la vida que Jesús tuvo incluso antes de la cruz. Él tenía " zoe ", tenía vida abundante; por eso la muerte tuvo que vomitarlo. Ahora tienes esa vida viviendo en ti y la esperas en el futuro. Pero quiero que veas que si no vives en la " zoe " ahora, no la tendrás en el futuro. El misterio de la vida abundante debe ser una revelación en la que vives cada día; debe ser una manifestación en la que vives cada día. Si lo es, Él dice que puedes estar seguro de que resucitarás. Jesús ya tenía vida abundante, y la muerte no pudo vencerla. La Biblia dice que ahora vive en ti; el mismo Espíritu que resucitó a Cristo vive en ti, dándote nueva vida. Hemos nacido de nuevo por el Espíritu que resucitó a Cristo; ahora esperamos que la " zoe " viva en nosotros gracias a la resurrección de Jesús.

> *"...por la resurrección de Jesucristo de entre los muertos, para una herencia incorruptible, incontaminada e inmarcesible, reservada en los cielos para vosotros, que sois guardados por el poder de Dios mediante la fe, para alcanzar la salvación que está preparada para ser manifestada en el tiempo postrero." 1 Pedro 1:3-5*

Ahora bien, cuando analizamos estas palabras en griego, lo que intenta decir es que no puedes perderla; no envejece, ni es como el pan que se enmohece. Esta vida no es como la plata ni el oro; no se empaña. De hecho, se supone que esta vida es tan buena como el día en que creíste: de gloria en gloria abundará para ti y de ti. Es una herencia que recibiste por lo que hizo Jesús. Está reservada; la palabra "reservada" significa protegida. Es el poder de Dios que te protege tanto a ti como a ella. Él dice que está guardada y resguardada para ti, y es la fe la que te lleva a ella. No vivimos por vista; no andamos según ella; no vivimos según lo que vemos a nuestro alrededor, sino que es la fe la que nos guía. Él dice que es tu fe la que te llevará a la plenitud de lo que será revelado. Y hay aún más, de gloria en gloria, hasta que un día entremos en la plenitud de ella. Se supone que esta revelación de la resurrección de Jesús tiene un efecto. El mundo no tiene lo que tú tienes; no tiene aquello que nos hace un pueblo peculiar.

La muerte y resurrección de Jesús significan algunas cosas para nosotros:

- **Demostración del amor de Dios** : Es la demostración del amor de Dios y de lo que Él siente por ti. Él te ama; ningún amor se ha expresado como el expresado en la muerte y resurrección de Jesucristo. Necesitamos saber que Él no tuvo que morir por nosotros; Él eligió morir por nosotros. La cruz es una declaración eterna, una manifestación de su amor por ti.
- **Un Intercambio** : Se necesitaba algo, y por eso Él tuvo que venir. Fue un intercambio del Unigénito por quienes se convertirían en hijos e hijas. En la cruz, Él era el Unigénito de Dios en ese momento, pero ahora, gracias a eso, millones han sido engendrados por Dios, y millones más entrarán en el Reino.
- **Expresión de la gracia** : La resurrección es una expresión de la gracia de Dios para traer al hombre de regreso a Su posición y estado gloriosos; fue Su gracia hacer esto.
- **Prueba del poder sobre la muerte** : La resurrección demuestra que la muerte ya no tiene el derecho ni el poder de reinar sobre la humanidad, sobre tu vida. La muerte ha estado reinando sobre la humanidad. Pero ahora, gracias a la muerte y resurrección de Cristo, tenemos la prueba de que la muerte ya no tiene el

derecho de reinar sobre tu vida. Necesitamos comprender esto para comprender el misterio de la resurrección de Jesucristo. La resurrección es un triunfo sobre la muerte, pero debemos comprender la muerte y su poder para comprender el poder mayor de la resurrección.

El poder de la muerte

1. **La muerte es el mayor temor de la humanidad** : es el miedo que todos los hombres deben afrontar. Es el temor de todos; para quienes no siguen a Cristo, es el período final de la vida que les espera a todos.
2. **Toda religión se propone responder a la pregunta de la muerte.**
3. **La muerte es el único poder que tiene control sobre cada ser humano:** la ansiedad tiene poder sobre algunos, la depresión tiene poder sobre algunos, pero la muerte ha tenido poder sobre todos.
4. **Nadie puede resistirse a la muerte:** también Jesús tuvo que pasar por ella.
5. **Nadie puede evitarlo** : Este es el poder de la muerte antes de la resurrección: reinaba sobre todos. La muerte es un gran matón que demuestra su autoridad y poder, y reina sobre todo ser humano hasta Jesús.
   «Y de la manera que está establecido que los hombres mueran una sola vez, y después de esto el juicio». Hebreos 9:27
6. **La muerte iguala:** Podrías ser la reina de Inglaterra, pero te enterrarán. Podrías ser el mendigo de la calle; podrías estar en el palacio, pero en algún momento, ambos descubriremos lo mismo. La muerte iguala.

En la parábola del hombre rico y Lázaro (véase Lucas 16:19-31), Lázaro era mendigo, y el hombre rico no lo ayudó. La parábola continúa diciendo que el hombre rico se encuentra muerto, al igual que el pobre. Pero cuando el hombre rico mira, ve que el hombre que una vez fue mendigo ahora es libre. Está libre de su pobreza; ahora está con Abraham, y todas sus necesidades están satisfechas. El hombre rico ahora no tiene más que tormento, y anhela que el pobre mendigo moje su dedo en agua y se lo ponga en la lengua. La muerte es un igualador.

Quiero que entendamos la resurrección y su poder, pero para ello debemos preguntarnos: ¿por qué existe la muerte? ¿De dónde vino? ¿Quién la creó? La muerte siempre ha existido; incluso en el principio, siempre estuvo presente.

"Y mandó Jehová Dios al hombre, diciendo: De todo árbol del huerto podrás comer; pero del árbol de la ciencia del bien y del mal no comerás, porque el día que de él comieres, ciertamente morirás."
Génesis 2:16-17

La muerte estaba en el jardín; la vida estaba allí, y la muerte también. Pero la muerte no tenía poder. Estaba latente. Quien reinaba era la vida; la vida reinaba sobre todo. La vida tenía el poder. La muerte estaba allí, aislada, sin poder. Entonces, ¿qué le dio a la muerte su poder? Porque Jesús vino a conquistar la muerte, pero ¿por qué reinaba la muerte? ¿Qué le dio su poder para reinar? La Escritura dice que si comes de este árbol, ciertamente morirás. Es decir, si haces esto (comes), activarás esto (la muerte). Darás poder a algo. ¿Y qué era eso? Fue el pecado; fue la desobediencia. No hagas esto. Y si lo haces, activarás el reinado de esto. El pecado es lo que le da poder a la muerte. El poder de la muerte es el pecado. La razón por la que la muerte ha podido reinar sobre la humanidad es por el pecado. Así que Dios no viene y simplemente conquista la muerte; primero tiene que conquistar el pecado. Por eso necesitamos la cruz. La muerte ha reinado porque todos pecaron. El sin pecado viene, nace y camina sobre la tierra. Él quiere morir en tu lugar para que tengas la vida " zoe " que Él tiene: la vida eterna y abundante. Dijo: "He venido para que tengas vida " zoe " en abundancia: la vida eterna". Jesús decía: "Eso es lo que quiero que tengas; eso es lo que yo tengo, y quiero dártelo".

Pero para lograrlo, no solo tiene que morir; tiene que pagar por el pecado. Tiene que vencer el pecado, y si lo vence, le quita el poder a la muerte; eso es lo que vino a hacer: quitarle el poder a la muerte. Pero Jesús no era candidato a la muerte. Eso es un problema; lo único que activa la muerte es el pecado, pero Jesús no tenía pecado. No era candidato a la muerte. El Viviente caminó por la tierra sin pecar; no era candidato a morir. La muerte no tenía poder sobre él. El príncipe de la muerte, Satanás, no tenía poder sobre él. Jesús dijo: «Viene el príncipe de este mundo, pero él no tiene nada en mí». No le temía porque la muerte no tenía poder, no tenía derecho a su vida. Entonces, ¿qué debía hacer? Jesús quiere morir para darnos vida, pero no es candidato a la muerte. Así que en la cruz, Dios, que es eterno, que está en el futuro y en el pasado, toma tu pecado y el de todo aquel que crea en él y lo deposita sobre él. La única manera en que Él puede morir es si tus pecados recaen sobre Él. De lo contrario, no es candidato a la muerte. Así es como alguien que se encuentra fuera del tiempo puede ir al futuro hacia quienes depositen su fe en Él y digan: "Está bien, tomaré tu pecado y lo pondré sobre Él".

La única razón por la que Jesús pudo morir fue porque tu pecado recaía sobre él. Así que, cuando crees en Jesús, tus pecados son perdonados y eres declarado justo. La prueba fue que Jesús pudo morir. No podía morir porque no tenía pecado; el pecado tenía que recaer sobre él. La prueba de tu justicia es la muerte de Jesucristo, porque él no podía morir si tu pecado permanecía en ti y no en él. Él habría seguido vivo; hubo un gran intercambio. Su justicia te fue dada, y tu pecado recaía sobre él. Quiero que vivas con una revelación de tu justicia: tu libertad del poder del pecado y de la muerte. Así que, si el pecado ha sido quitado y eres declarado justo, la muerte no tiene poder sobre ti. Por eso Jesús dice: «Yo soy la resurrección y la vida; el que cree en mí vive, aunque muera». La muerte ha perdido su aguijón; su poder se ha perdido de ti y de mí. Esta es la buena noticia de la resurrección.

Así que, por cuanto los hijos participaron de carne y sangre, él también participó de lo mismo, para destruir por medio de la muerte al que tenía el imperio de la muerte, es decir, al diablo, y librar a todos los que por el temor a la muerte estaban durante toda la vida sujetos a servidumbre. Hebreos 2:14-15

Él se hizo como nosotros y murió en nuestro lugar para que quien tenía el poder de la muerte —Satanás, el diablo— lo perdiera, y quienes estuvieron atados por el temor a ella toda su vida fueran libres. Deberías ser libre del poder del temor a la muerte.

" Y cuando esto corruptible se haya vestido de incorrupción, y esto mortal se haya vestido de inmortalidad, entonces se cumplirá la palabra que está escrita: 'Sorbida es la muerte en victoria'. '¿Dónde está, oh muerte, tu aguijón? ¿Dónde, oh Hades, tu victoria?'" 1 Corintios 15:54-55

Piensa en una abeja. Si no tiene la capacidad de picarte, bien podría ser una mosca. Cuando vemos una abeja, pensamos: "¡Ay, vaya!", y ciertas abejas tienen picaduras que nos hacen pensar: "No te metas con esa abeja". ¿Pero una mosca? Pensamos: "Bueno, da igual, aléjate de mí". No te asustas diciendo: "¡Dios mío, es una mosca!". Simplemente piensas: "Sí, da igual, es solo una mosca. No la quiero en casa; es irritante". Pero no tiene nada que te dé miedo. Eso es lo que le ha pasado a la muerte. Pablo se burlaba de la muerte. Tuvo una revelación de la vida en Cristo a través de la resurrección, y se burló de ella. "¿Dónde está tu aguijón? ¿Dónde está tu victoria?".

Incluso cuando los santos amados mueren, viven. Entran en la plenitud de la revelación de Cristo, de los vivos. Todo el dolor desaparece. Lloramos porque perdemos a seres queridos y amigos, pero ellos viven. Si no hubiera muerte ni resurrección, sería muy difícil, pero gracias a la muerte y la resurrección, están entre los vivos. La Biblia dice que estamos rodeados de testigos, una nube viviente de testigos. Primero, la Escritura habla de cómo murieron; todos murieron. Pero ahora estamos rodeados de ellos porque no están muertos. Aunque mueren, viven. Y Él dice que estás siendo observado por cada persona que te precedió y proclamó la fe que tienes hoy. Él dice que te están observando. ¡Corre! Despójate de lo que te enreda, que es el pecado, que le da poder a la muerte. Despójate de eso y corre la carrera. Pon tus ojos en Jesús.

No vivo con miedo a la muerte. No quiero que vivas con miedo a la muerte. No temo morir a los 30, 40 o 50 años; no me importa. Porque estoy entre los vivos, y la muerte no tiene poder sobre mí. Necesitamos entender esto. Si falleciera, algunos podrían extrañarme, otros no. Algunos podrían alegrarse de mi partida. Pero desde el momento en que creí, la muerte ha perdido. La muerte no puede celebrar cuando muero. Ha perdido su poder. Sabe: "Sí, él también resucitará". Todo el pasado y todo el futuro de quienes creen y ponen su confianza en el Señor resucitarán. ¿Sabes que cuando Jesús murió, se abrieron las tumbas? Aquellos que habían creído en el Señor incluso antes de la cruz salieron caminando. ¿Te imaginas cómo fue eso? Puedo verlo: "¿Es David? ¿Es Nehemías? ¿Es Jeremías? ¿Qué haces aquí?". Dicen: "Oh, la muerte ha perdido su control sobre mí". Esto sucedió. Lo registran historiadores, no sólo creyentes.

Por eso, con el cristianismo, la gente se ha esforzado tanto por demostrar su falsedad, pero no ha podido. Y cuando hablan de él o lo investigan, se confirma con mayor certeza. Todo aquel que lo ha investigado para demostrar su falsedad ha descubierto que era cierto. Entonces piensan: «No hablemos de ello, porque cuanto más intentamos desacreditarlo, más nos damos cuenta de que es cierto». Y cuanto más se revela la verdad, más poder se le otorga. Historiadores, personas no creyentes, escribieron sobre estos acontecimientos. La muerte y resurrección de Jesucristo está registrada por los historiadores. Imaginen a alguien que hizo lo que Jesús hizo. Él captó la atención de los historiadores. Su trabajo es como el de los reporteros: informar al mundo conocido sobre lo que sucede en diferentes lugares. Alguien camina sobre el agua y alimenta a multitudes incontables con el almuerzo de un niño. Está sanando; los ciegos ven, los mudos hablan, los cojos caminan. Y lo están registrando. Y llega un momento en que este hombre asombroso es asesinado, falsamente acusado y asesinado. Estaban grabando esto y es como el momento del emoji triste.

Pero entonces, al tercer día, resucitó. Tuvieron que escribir esta historia. Les aseguro que los historiadores la registraron, no solo los apóstoles. Esto es lo que encontraron. La gente intenta demostrar que es ficción, pero al estudiarla, ven: «No, no, no, no son solo los discípulos quienes registraron esto. Historiadores de todas partes lo seguían y registraban». Así que no tiene sentido que mientan. Y la única manera de saber que algo es cierto —la única manera de saber que Alejandro Magno vivió— es por la historia, las pinturas, las vasijas de barro y los escritos históricos. Si no los tenemos, entonces no existió. Necesitamos cierta cantidad de elementos para probar que alguien realmente vivió en el pasado, y Jesús es la persona más documentada de la historia: no solo su vida, sino también su muerte, sepultura y resurrección. Caminó sobre la tierra durante cuarenta días después de su resurrección. Dice que en un momento dado, quinientas personas se reunieron a su alrededor y lo escucharon. Lo vieron morir, lo vieron enterrar, murió tres días, lo vieron resucitar y caminar entre ellos, aún con heridas en las manos y los pies, pero ahora con vida. Durante cuarenta días —poco más de un mes—, simplemente estuvo pasando el rato. Y en un momento, quinientas personas se reunieron a su alrededor para escucharlo enseñar después de la resurrección. No hubo un momento de "tal vez lo vi". No fue una experiencia "de ese tipo". Comieron con él y todo, y luego hizo como Neo de Matrix: subió directo al Cielo, y lo vieron.

Si fuera inventado, simplemente se olvidaría. Incluso el sumo sacerdote y el Sanedrín fueron testigos de esto y del encubrimiento. Habla de cómo intentaron ocultarlo en las Escrituras. Pagaron a los guardias que estaban allí cuando aparecieron los ángeles, y luego María y los demás aparecieron. Cuando apareció el ángel, dice que los guardias lo vieron, temblaron y cayeron como muertos. Vieron al ángel; vieron cómo la lápida sepulcral se movía. Al principio, pensaron que era un terremoto, pero luego, ¡bum!, aparece un ángel. Y en cada punto de las Escrituras, cuando aparece un ángel, el temor de Dios se instala en la atmósfera. Y estos soldados romanos, estos hombres endurecidos que han matado hombres, caen. Se desmayan. Y el ángel les dice: «Oigan, oigan, sé que están aquí por Jesús. No tengan miedo. Tengo que decirles algo. ¿Por qué buscan entre los muertos al que vive? No está aquí. Recuerden lo que les dijo: que el Hijo del Hombre moriría a manos de los hombres, pero al tercer día resucitaría». Y recordaron lo que dijo. Pero lo que dijo era demasiado imposible de creer hasta que lo vieron con sus propios ojos. Incluso los apóstoles y discípulos, cuando vinieron y les contaron lo sucedido, dijeron: «No, no puede ser». Me encanta cómo, cuando Jesús sanó al ciego, preguntó: «¿Alguien ha hecho esto alguna vez?». Imaginen lo que tuvieron que pensar después de que Jesús murió y resucitó. Nadie oraba para que resucitara; no creían. Vieron cómo mutilaban su cuerpo. Debieron pensar: «No hay manera de que eso se restaure». Pero, afortunadamente, la vida, el Espíritu de vida, vino. Quiero que caminemos en el mismo poder de la vida.

Y si Cristo no resucitó, vuestra fe es vana; aún estáis en vuestros pecados. Entonces también los que durmieron en Cristo perecieron.

> *Si en esta vida solamente esperamos en Cristo, somos los más dignos de conmiseración de todos los hombres.* 1 Corintios 15:17-19

Si no hay resurrección, si no se vence el poder de la muerte, entonces el pecado aún tiene poder sobre ti y tu fe es vana. Pablo piensa que morir es simplemente quedarse dormido. Ya no ven la muerte de los santos como muerte, sino simplemente como quedarse dormidos. Pero, si Cristo no resucitó, entonces no han dormido; han perecido. El pecado aún tiene su poder, es decir, la muerte aún tiene su poder, lo que significa que quienes han dormido no están dormidos; están muertos.

> *Pero ahora Cristo ha resucitado de entre los muertos y es la primicia de los que durmieron. Porque por cuanto la muerte entró por un hombre, también por un hombre vino la resurrección de los muertos. Porque así como en Adán todos mueren, también en Cristo todos serán vivificados.* 1 Corintios 15:20-22

Pablo intenta que entendamos esto: sin la muerte y la resurrección, el pecado no ha perdido su poder, la muerte no ha perdido su poder, y no tenemos esperanza. Pero no es así. Gracias a Dios que resucitó a Cristo de entre los muertos.

> *Ahora, pues, ninguna condenación hay para los que están en Cristo Jesús, los que no andan conforme a la carne, sino conforme al Espíritu. Porque la ley del Espíritu de vida en Cristo Jesús me ha librado de la ley del pecado y de la muerte.* Romanos 8:1-2

Ahora quiero analizar algunos de los misterios para que podamos vivir en el poder de la resurrección. Necesitamos entender que hay tres cielos revelados en las Escrituras (2 Corintios 12:2). El primer cielo es donde vuelan las aves y los aviones. El segundo cielo es donde gobiernan los poderes, tronos y dominios (poderes demoníacos). Pero en el tercer cielo hay un Rey. ¿Quién es ese Rey? Jesús. Y su Reino reinará sobre todos los tronos, poderes y dominios. Nos hemos sentado con él en el tercer cielo para reinar sobre todo principado, potestad, trono y dominio.

¿Dónde tiene la muerte su poder? En el segundo cielo. Pero la ley del Espíritu de vida en Cristo reina sobre el tercer cielo, y la ley del pecado y de la muerte reina sobre el segundo cielo. La ley del Espíritu de vida en Cristo es el evangelio. La ley del pecado y de la muerte es la ley mosaica del Antiguo Testamento. Entonces, cuando transgredes el segundo cielo, ¿a qué le da poder? Al pecado y a la muerte; activas la ley del pecado y de la muerte. Pero cuando, según 1 Juan 1:9, confiesas tus pecados, él es fiel y justo para perdonarte y limpiarte de toda maldad. Y si no tienes injusticia, eres justo. Toda puerta en el segundo cielo debe estar cerrada para ti. El pecado, la muerte y el mal no deben tener poder sobre tu vida. Eso no significa que no podamos darle poder, pero no tiene por qué hacerlo.

Pablo deja claro que esto es para quienes no andan conforme a la carne, sino conforme al Espíritu. Si andamos conforme a la carne y la gratificamos, entonces abriremos el poder del pecado y la muerte a nuestras vidas. La resurrección es la victoria sobre el pecado y la muerte. Porque su sangre fue derramada, él ha quitado el poder de la muerte, nos ha cerrado el segundo cielo a ti y a mí, y nos ha declarado justos para acercarnos confiadamente al trono de la gracia y sentarnos con él en el tercer cielo.

Porque lo que la ley no pudo, por ser débil por la carne, Dios lo hizo, enviando a su Hijo en semejanza de carne de pecado, a causa del pecado: condenó al pecado en la carne, para que la justicia de la ley se cumpliera en nosotros, que no andamos conforme a la carne, sino conforme al Espíritu. Porque los que viven conforme a la carne piensan en las cosas de la carne, pero los que viven conforme al Espíritu, en las cosas del Espíritu. Porque ocuparse de la carne es muerte, pero ocuparse del Espíritu es vida y paz. Romanos 8:3-6

Se refiere a la ley mosaica. No quiero que actives la muerte por medio del pecado y seas como Adán y Eva, quienes siguen activando el poder de la muerte en tu vida. La enfermedad y la ansiedad, el miedo mismo, son evidencia de la activación del segundo cielo en tu vida: del poder de la muerte. Pero es un regalo maravilloso porque siempre digo que Satanás es como un mal jugador de cartas; siempre se pasa de la raya. Si estoy enfermo, sé que he hecho algo: he abierto el segundo cielo.

Me encanta este ejemplo de Eliseo: está siendo demasiado padre espiritual, está criando demasiados hijos espirituales, tiene demasiados en la escuela de los profetas y necesita ampliar su espacio. Alguien pidió prestado un hacha para hacerlo, y al talar unos árboles, la hacha voló al río. El hombre se quedó sin aliento y gritó porque era prestada. Era muy cara; no podía pagarla. Iba a tener problemas. Entonces Eliseo dice: «Muéstrame dónde cayó». Muéstrame dónde la perdiste. Así que, cuando algo sucede en mi vida que es evidencia del poder del segundo cielo tratando de mostrar su dominio sobre mi vida, simplemente regreso al punto de partida. ¿Dónde perdí la paz? ¿Dónde perdí la sanidad? ¿Dónde comencé a ver esto? Y oro: «Santo, ¿puedes mostrarme? ¿Le he dado algún derecho al segundo cielo en mi vida?». Y Él dirá algo como: "Sí, en esta área, cuando hablaste con tu hijo, o tu esposa, o esta persona de esta manera".

Pedro dice que tus oraciones pueden verse obstaculizadas por la forma en que tratas a tu esposa. Si tengo algo, digo: "Bueno, es tan simple como el arrepentimiento, porque tengo a mi disposición el antídoto contra el pecado: es la sangre de Jesús, y tengo que andar humildemente ante Dios todos los días y dejarme guiar por el Espíritu para poder vivir conforme a la ley del Espíritu de vida en Cristo". Pero hay algo aún mejor. La Biblia dice que si lo hago, entonces el tercer cielo reinará plenamente. Queremos que el tercer cielo reine en tu vida.

Deuteronomio 28:1-14 habla del reino del tercer cielo para quienes obedecen. Pero Deuteronomio 28:15 en adelante, ¿de qué habla? Del reino del segundo cielo. Es quitar todo y cerrar el tercer cielo; serás la cola y no la cabeza; la enfermedad y todas estas cosas que visitaron a Egipto te visitarán. La evidencia de todo esto es simplemente la evidencia de que hemos transgredido la ley del pecado y la muerte. Genial, entonces nos arrepentimos, cerramos la puerta y obedecemos, y abrimos una puerta mejor. Saben que las Escrituras hablan de puertas, y Juan dice: «Vi una puerta abierta en el cielo». Aparentemente, hay puertas y ventanas en el espíritu, y pueden estar abiertas o cerradas. Si no hay bendición derramada —ni gozo, ni paz, ni salud ni prosperidad—, estas cosas, o las que Deuteronomio 28:1-14 dice, te alcanzarán. No es gran cosa; simplemente significa que cerramos el tercer cielo. Ahora nos arrepentimos. Requiere la naturaleza de Cristo. Él dijo: «Lo que había en él, esté en vosotros. Aunque era Dios, no consideró el ser igual a Dios como algo, sino que se humilló a sí mismo y murió en la cruz, como un criminal» (Filipenses 2). Es humildad; tienes que ser consciente de ti mismo. Lo suficientemente humilde como para evaluar: ¿He abierto una puerta? Porque el antídoto para cerrar el segundo cielo es demasiado fácil. Pero no puedes afirmar que vives en la vida abundante «zoé» sin que Deuteronomio 28:1-14 domine tu vida.

El reino de Dios debe tomar el control, y sus bendiciones y favores lo harán. Si algo más está tomando el control, no debería hacerlo. Le hemos dado poder. Recuperemos su poder mediante el arrepentimiento. No importa el título que le pongas a mi nombre; puedo transgredirlo tan rápido como cualquiera. Les aseguro que mucha gente recibe más gracia que yo porque soy un líder en el cuerpo de Cristo. ¿Cuántos de ustedes saben que los niños reciben más gracia que los padres? Si pasaran por un supermercado y un padre se comportara como un niño de dos años, no pensarían en él como pensarían en ese niño. Vemos a un niño gritando y pensamos: "Ay, seguramente está cansado". Pero si vemos a un adulto en un supermercado gritando con una rabieta porque quiere galletas Oreo, pensamos: "Levántate, eres un adulto". No les daríamos la misma gracia, se los aseguro. Si me vieras hacer eso y mi esposa estuviera conmigo, pensarías: "Bueno, tiene que dejarlo". No me darías la gracia. Pero si ves a un niño pequeño, piensas: "Bueno, está cansado o es adicto al azúcar", pero le darías algo de gracia. A medida que maduramos en Cristo, no recibimos la misma gracia.

El Señor piensa: «No, conoces la ley del Espíritu de vida en Cristo. Has sido probado en ella, has pasado esas pruebas, ¿y ahora estás retrocediendo?». Mira, a Satanás le encantaría que yo abriera esa puerta. ¿Sabes lo rápido que vendría? Está esperando que se le abra una puerta. Si encuentra a alguien recién salvo, se alegra, pero si puede eliminar a pastores y líderes, se regocija. Si abren una puerta, él viene. Si abres una puerta, simplemente la cerramos. No le temo a esto; ha perdido su poder. Tengo el antídoto: es la sangre de Jesús; es arrepentimiento. No intento añadir miedo; intento quitarlo haciendo que las personas reflexionen sobre cómo viven para que vivan conforme al Espíritu de vida en Cristo. Dios no puede evitarlo; está tratando de derramar su bendición, pero no transgredirá el segundo cielo. Si abres una puerta, dice: «Te di un antídoto». Pero el Señor cumplirá la ley; quiere que triunfen sobre ella con una ley mayor y más excelente. El evangelio es un pacto mejor, y les ha dado el antídoto para que gobiernen sobre la ley mosaica con el evangelio de Jesucristo, con la ley del Espíritu de vida en Cristo. Les ha dado el antídoto para que gobiernen sobre ella.

Tenemos que elegir vivir en Zoé, la vida abundante, cada día. Este es nuestro derecho. Es nuestra herencia en Cristo. La Escritura dice que la fe es la certeza de lo que se espera. La palabra certeza significa "documento legal". La fe significa que tenemos derecho a algo. Si tengo la escritura de mi casa, es mía: está a mi nombre, no al del banco. Si vienes y dices: "Esta es mi casa", te diré: "No, no lo es". Podrías repetirlo mil veces, y seguiría diciendo: "No, no lo es". Podrías llevarme a juicio, pero tendré un documento legal que diga que me pertenece. La fe es que tengo el documento legal; el veredicto ya ha salido: poseo algo. La fe es la certeza, la garantía legal de tu expectativa. La expectativa son las promesas de Dios, la vida Zoé, la vida abundante que es tuya para siempre. La fe significa que entiendes que tienes un documento legal que declara que todas las promesas de Dios, todo lo que perteneció a Adán y Eva y que se perdió, ahora es tu derecho. Todo lo que Jesús compró en la cruz es tu derecho. La fe dice: "Eso es mío". Deuteronomio 28:1-14 es mío por Cristo Jesús, su muerte reinando sobre el pecado y su resurrección reinando sobre la muerte. Es la evidencia de que la muerte no tiene poder sobre ti y que el pecado no tiene poder sobre ti. Si transgredimos, solo tenemos que arrepentirnos y decir: "No, no, no, Señor, perdóname; ese no es el camino de la vida". La puerta se cierra, ¡pum! Reprende al diablo y vive conforme al Espíritu de vida en Cristo.

Orad conmigo: *Padre Celestial, gracias por darme el derecho a la vida y a la libertad del pecado y la muerte por Jesucristo. ¡Te damos gracias, Señor! Tuya es la victoria y la gloria por siempre, Señor. Declaramos que tenemos vida, paz y libertad. Que viviremos y reinaremos contigo para siempre. Declaramos que tu triunfo en la tumba vacía es nuestro triunfo sobre la muerte. Te damos gracias por la sangre de Jesús y por la resurrección. En el nombre de Jesús, amén.*

Preguntas para discusión

1. ¿Cómo cambia la resurrección de Jesucristo tu perspectiva sobre el pecado y la muerte en tu vida? ¿De qué maneras el reconocer la victoria sobre la muerte a través de Jesús influye en cómo enfrentas tus miedos o desafíos?

2. ¿Cómo se ve en la práctica la vida abundante que Jesús ofrece? ¿Cómo puedes vivir activamente en el Espíritu de vida en Cristo para experimentar esta vida abundante cada día?

3. ¿En qué áreas de tu vida te ha impedido vivir según la carne, y cómo puedes cambiar a vivir según el Espíritu? ¿Cómo influye en tus decisiones y acciones diarias comprender las leyes del Espíritu de vida, en comparación con la ley del pecado y la muerte?

CONCLUSIÓN
VIVIR COMO CIUDADANOS DEL REINO

Al concluir nuestra exploración de Jesús y el Reino, nos encontramos ante una poderosa invitación: no solo a comprender el reino, sino a vivir como sus ciudadanos activos y empoderados. A lo largo de las páginas de este libro, hemos visto la profunda necesidad de un reino, la promesa de Dios de establecerlo, su llegada en la persona de Jesucristo, el camino y la cultura de este reino, y la victoria de Jesús sobre la muerte para inaugurar el dominio de Dios en la tierra. Ahora, estamos llamados a responder, no solo con la mente, sino con la vida.

Un reino que no es de este mundo

El Reino de Dios no es un mero concepto teológico abstracto; es una realidad presente y una esperanza futura. Jesús trajo este reino a la tierra, y mediante su muerte, sepultura, resurrección y el derramamiento del Espíritu Santo, nos ha capacitado para vivir como ciudadanos de este Reino hoy. El Reino es donde el gobierno y el reinado de Dios se reconocen y se manifiestan en nuestras vidas. Jesús mismo declaró: «El reino de Dios está dentro de vosotros» (Lucas 17:21).

Nuestro camino como ciudadanos del reino comienza al comprender que ya no estamos atados a los sistemas y poderes de este mundo. El camino del Reino es radicalmente diferente de los valores del mundo. Es un camino de servicio, amor, sacrificio y humildad. La cultura de este Reino es de gracia, misericordia, justicia y paz. Es un Reino donde vivimos por el Espíritu y estamos llamados a ser agentes de transformación en un mundo quebrantado.

Un reino con una misión

A la luz de todo lo que hemos aprendido, la pregunta que debemos hacernos es: ¿Cómo influye este Reino en nuestra forma de vivir, trabajar e interactuar con el mundo que nos rodea? ¿Cómo encarnamos los valores del Reino en nuestra vida diaria?

Primero, debemos aceptar el llamado a ser embajadores del Reino. Así como Jesús demostró el gobierno de Dios en la tierra, ahora estamos llamados a demostrar el Reino en todos los ámbitos de la vida. Ya sea en nuestros hogares, lugares de trabajo, comunidades o naciones, debemos llevar el gobierno de Dios a todos los ámbitos. Esto significa buscar la justicia, promover la paz, mostrar amor y hacer discípulos.

En segundo lugar, estamos llamados a vivir en armonía con el camino del Reino. Esta no es una vida de conveniencia ni comodidad, sino una vida marcada por el autosacrificio y la obediencia a la voluntad de Dios. Debemos seguir el ejemplo de Jesús, viviendo con la mentalidad de un siervo y el corazón de un embajador del Reino. Los valores del Reino a menudo contrastan marcadamente con los valores del mundo, y es en esta diferencia que reflejamos la luz de Cristo a quienes nos rodean.

Un reino de esperanza

Finalmente, debemos vivir con la esperanza del Reino venidero. Si bien el Reino ha sido inaugurado en Cristo, su plenitud aún está por venir. Al vivir el Reino ahora, lo hacemos con la esperanza de su cumplimiento futuro cuando Cristo regrese para establecer el reino eterno de Dios. Esta esperanza nos da perseverancia ante las dificultades y alegría en medio de las pruebas.

Un desafío para vivir de manera diferente

Al concluir este libro, los reto a abrazar su identidad como ciudadanos del Reino de Dios. Permitan que la realidad del Reino transforme su forma de vivir, pensar y actuar. El Reino exige una respuesta de cada uno de nosotros. ¿Viviremos como si estuviéramos en un mundo que se desvanece, o viviremos como ciudadanos del Reino eterno?

A la luz de todo lo que hemos discutido, ¿cómo vivirás ahora? ¿Buscarás primero el Reino de Dios y su justicia (Mateo 6:33)? ¿Alinearás tu vida con los valores y la misión del Reino, sabiendo que estás llamado a ser una expresión viva del reino de Dios en la tierra?

El Reino de Dios no es una realidad pasiva; es activo, vibrante y transformador. Como seguidores de Jesús, estamos capacitados para ser parte del movimiento más grande que el mundo haya conocido. Que la verdad del Reino siga moldeando tu vida, reflexionando sobre tu manera de pensar y motivándote a vivir de manera diferente, glorificando a Dios y extendiendo su Reino en la tierra.

ACERCA DEL AUTOR

Tom Cornell es el líder principal de la Iglesia SOZO en el estado de Washington y fundador de Walk in the Light International y la Red SOZO. Tom está casado con su bella esposa Katy y vive en el área de Puget Sound con ella y sus tres hijos. Ha estado en el ministerio pastoreando y enseñando al cuerpo de Cristo desde 2008.

Le apasiona ver al cuerpo de Cristo evolucionar de una mentalidad de orfandad a una de filiación, equipando al cuerpo para hacer la obra de Jesús, lo que resulta en la manifestación del Reino de Dios aquí en la tierra.

www.ingramcontent.com/pod-product-compliance
Lightning Source LLC
Chambersburg PA
CBHW071224090426
42736CB00014B/2966